संविधान, संस्कृति और राष्ट्र

श्री कलराज मिश्र की पुस्तकें

संविधान, संस्कृति और राष्ट्र

कलराज मिश्र

प्रभात
प्रकाशन

प्रकाशक • **प्रभात प्रकाशन प्रा. लि.**
4/19 आसफ अली रोड,
नई दिल्ली–110002

संस्करण • 2024
मूल्य • चार सौ रुपए
मुद्रक • आर–टेक ऑफसेट प्रिंटर्स, दिल्ली

SAMVIDHAN, SANSKRITI AUR RASHTRA
by Shri Kalraj Mishra ₹ 400.00
Published by Prabhat Prakashan Pvt. Ltd., 4/19 Asaf Ali Road, New Delhi-2
e-mail: prabhatbooks@gmail.com ISBN 978-93-90923-15-1

पुरोवाक्

राष्ट्र अपने आप में जीवंत दर्शन है। भारतीय परिप्रेक्ष्य में जब भी राष्ट्र पर चिंतन करता हूँ, उदात्त जीवनदृष्टि से जुड़े भूभाग के रूप में इसे पाता हूँ। ऐसा भूभाग जहाँ जात-पाँत, पंथ, मत और मनुष्य-मनुष्य के प्रति भेदभाव की संकीर्ण मानसिकता न हो। राष्ट्र की भारतीय दृष्टि ऐसी ही है।

देश आजाद होने के बाद देश का जो संविधान बनाया गया था, उसमें राष्ट्र की इसी संस्कृति का नाद है। जाति, धर्म, वर्ग आदि से परे भारतीय संविधान समानता और सभी को स्वतंत्रता के मूल्यों पर आधारित है। यही हमारी संस्कृति भी है। संविधान, संस्कृति और राष्ट्र असल में परस्पर जुड़े हुए हैं।

मैं यह मानता हूँ कि राष्ट्र तभी सुदृढ़ और शक्तिशाली होता है, जब संविधान और संस्कृति से जुड़े मूल्यों की पालना के लिए देश के सभी लोग प्रतिबद्ध हों। भले ही अंग्रेजों से आजादी हमें 1947 में ही मिल गई, परंतु देश की असली आजादी का अर्थ है—अपने भाग्यविधाता स्वयं बनें। आजादी को सँभालना भी जरूरी है। आजादी सँभालने का अर्थ है—संविधान के हमारे जो कर्तव्य है और अधिकार हैं, उनको पूरा करने की प्रतिबद्धता। भारतीय संविधान को मैं मानवीय अधिकारों का वैश्विक दस्तावेज कहता हूँ। इसकी बड़ी वजह यह है कि इसमें जो अधिकारों-कर्तव्यों का संतुलन है, वह जीवन से जुड़े उदात्त ऐसे मूल्य हैं, जिन पर मानवता का विकास आधारित है। इसीलिए संविधान के प्रति जागरूकता जरूरी है। संविधान जागरूकता का अर्थ ही है, संस्कृति और राष्ट्रहित के लिए कार्य करना। राजस्थान के विश्वविद्यालयों में इसलिए मैंने अपने स्तर पर संविधान पार्क स्थापित करने की पहल की। इसका उद्देश्य यही है कि युवा पीढ़ी भारतीय संविधान में निहित स्वतंत्रता, समता, न्याय और बंधुता के सशक्त आधारों पर

खड़े हमारे लोकतंत्र को सार्थक करे।

राष्ट्र के लिए यह समय गौरव का है। संयुक्त राष्ट्र संघ में पहली बार राष्ट्र को प्रधानमंत्री श्री नरेंद्र मोदी के रूप में अध्यक्षता का अवसर मिला है। इस समय की सबसे बड़ी जरूरत यही है कि हम इस बात का मनन करें कि संविधान, संस्कृति और राष्ट्र के लिए हम क्या कर सकते हैं।

मनुष्य शब्द 'मन' से ही बना है। मन यदि हो तो हम आकाश को छू सकते हैं। राष्ट्र सर्वोपरि हो, इसके आगे और कुछ भी नहीं—यही हमारा ध्येय हो। महर्षि अरविंद ने एक स्थान पर बहुत महत्त्वपूर्ण बात कही है। उन्होंने कहा है—'मन अर्धविराम है, पूर्ण विराम नहीं।'...मैं चाहता हूँ, मन को संविधान, संस्कृति और राष्ट्र की भावना से जोड़ें। जो कुछ हमारे आसपास है, उसे बेहतरीन बनाने के प्रयास करें। हमारे जो महापुरुष हुए हैं, उन्होंने जो सीख हमें दी है, वह जीवनपथ का आलोक है। उस आलोक में नहाते हुए आगे बढ़ें।

संस्कृति का अर्थ ही परिष्कृत और संस्कारवान मनुष्य का निर्माण है। मानव संस्कृति आदमी को आदमी से जोड़ती है। उसमें विराटता होती है। कहीं कोई क्षुद्रता नहीं होती। भारतीय संस्कृति 'वसुधैव कुटुंबकम्' की अवधारणा पर आधारित इसलिए तो है कि वहाँ पूरे विश्व को एक परिवार के रूप में स्वीकार किया गया है। धर्म, जाति और अपनी श्रेष्ठता साबित करने के प्रयास मनुष्य को बौना करते हैं। इसी से हमारी दृष्टि और सोच दोनों ही संकुचित होते हैं। इससे बचने के लिए संविधान की हमारी संस्कृति और राष्ट्र से जुड़े मूल्यों पर हमें बार-बार लौटना होगा।

इस पुस्तक में जो आलेख संगृहीत हैं, उनके जरिए संविधान, भारतीय संस्कृति और राष्ट्र से जुड़े सरोकारों पर समय-समय पर लिखे अपने आलेखों को पाठकों को सौंप रहा हूँ। रवींद्रनाथ टैगोर की बेहद लोकप्रिय कविता है—

जहाँ चित्त भय से शून्य हो,
जहाँ हम गर्व से माथा ऊँचा करके चल सकें,
जहाँ ज्ञान मुक्त हो,
जहाँ दिन-रात विशाल वसुधा को खंडों में विभाजित कर
छोटे और छोटे आँगन न बनाए जाते हों,

जहाँ हर वाक्य हृदय की गहराई से निकलता हो,

जहाँ हर दिशा में कर्म के अजस्र नदी के स्रोत फूटते हों

और निरंतर अबाधित बहते हों,

जहाँ विचारों की सरिता

तुच्छ आचारों की मरुभूमि में न खोती हो।

आइए, संविधान, संस्कृति और राष्ट्र से जुड़े उदात्त जीवनमूल्यों से जुड़े सरोकारों पर चिंतन करते हुए हम सभी आगे बढ़ें। पुस्तक में संगृहीत आलेखों पर आपकी राय की प्रतीक्षा भी रहेगी।

—कलराज मिश्र

ये आलेख समय-समय पर
दैनिक हिंदुस्तान, राजस्थान पत्रिका, दैनिक भास्कर, अमर उजाला,
लोकमत समाचार, राष्ट्रदूत, महानगर टाइम्स, पंजाब केसरी,
दैनिक जागरण, इंडियन एक्सप्रेस, टाइम्स ऑफ इंडिया, हिंदुस्तान टाइम्स,
फर्स्ट इंडिया, पायनियर, आउटलुक, पाञ्चजन्य आदि पत्र-पत्रिकाओं में
प्रकाशित हुए हैं।

आभार !

अनुक्रम

संस्कृति का लोक-आलोक

संस्कृति की आधुनिक दृष्टि

संवैधानिक संस्कृति

अधिकारों-कर्तव्यों का आलोक

भारत राज्यों का संघ है। देश आजाद होने के बाद संविधान निर्माताओं के कंधों पर एक बड़ी चुनौती यह थी कि कैसे छोटी अवधि में इतने विशाल देश के संविधान का निर्माण किया जाए। पर इस चुनौती को हाथ में लिया गया और संविधान बनने के अथक प्रयासों के अंतर्गत 2 वर्ष 11 महीने 18 दिन तक निरंतर परिश्रम के बाद परिष्कृत होकर भारत का संविधान भारत की जनता के सामने आया। भारतीय सामाजिक ढाँचे को दृष्टिगत रखते हुए संविधान को देश में लागू किया गया। यह महत्त्वपूर्ण है कि भारत के संविधान में अमेरिका से मूल अधिकार लिये गए, ब्रिटेन से संसदीय प्रणाली ली गई, आयरलैंड के संविधान से राज्य के नीति-निर्देशक तत्त्व और जर्मनी के संविधान से तथा भारत सरकार अधिनियम-1935 के प्रावधानों से आपात उपबंध को लिया गया, इन सभी को लेकर भारत के संविधान का निर्माण हुआ।

भारत संघ अलग-अलग राज्यों से मिलकर बना है। इन राज्यों के पास इनका अपना कोई संविधान नहीं है, अपितु संपूर्ण भारत संघ का केवल एक ही संविधान है और इसमें भारत संघ से संबंधित तथा भारत के अलग-अलग प्रांतों से संबंधित सभी का उल्लेख कर दिया गया है, अर्थात् सभी प्रांतों का एक ही संविधान है तथा भारत संघ का भी एक ही संविधान है। संविधान में संघ और भारत के राज्यों के लिए अलग-अलग व्यवस्था है, परंतु पुस्तक एक ही है। संविधान में सरकार के संसदीय स्वरूप की व्यवस्था की गई है, जिसकी संरचना कतिपय एकात्मक विशिष्टताओं सहित संघीय है।

केंद्रीय कार्यपालिका का सांविधानिक प्रमुख राष्ट्रपति है। भारत के संविधान की धारा-79 के अनुसार, केंद्रीय संसद् की परिषद् में राष्ट्रपति तथा दो सदन हैं, जिन्हें राज्यों की परिषद् (राज्यसभा) तथा लोगों का सदन (लोकसभा) के नाम से जाना जाता है। संविधान की धारा-74 (1) में यह व्यवस्था की गई है कि राष्ट्रपति की सहायता करने तथा उसे सलाह देने के लिए एक मंत्रिपरिषद् होगी, जिसका प्रमुख प्रधानमंत्री होगा, राष्ट्रपति सलाह के अनुसार अपने कार्यों का निष्पादन करेगा। इस प्रकार वास्तविक कार्यकारी शक्ति मंत्रिपरिषद् में निहित है, जिसका प्रमुख प्रधानमंत्री है।

संविधान असल में देश का सर्वोच्च विधान है। व्यक्तिगत तौर पर, मैं यह मानता हूँ कि अधिकारों और कर्तव्यों के संतुलन का यह ऐसा पवित्र दस्तावेज है, जिससे लोकतंत्र प्रभावी रूप में जीवंत रह सकता है। देश में 26 नवंबर को संविधान दिवस के रूप में मनाया जाता है। सन् 1949 में इसी दिन देश के संविधान को अंगीकृत किया गया था और 26 जनवरी, 1950 को इसे अमल में लाया गया था। यह महत्त्वपूर्ण है कि 29 अगस्त, 1947 को देश के संविधान का मसौदा तैयार करनेवाली समिति की स्थापना की गई थी। इसके अध्यक्ष के तौर पर डॉ. भीमराव आंबेडकर की नियुक्ति हुई थी। जैसा कि पहले भी इंगित किया गया है कि दुनिया के सभी संविधानों को बारीकी से परखने के बाद संविधान को बनाया गया। संविधान निर्मात्री समिति के अध्यक्ष डॉ. आंबेडकर ने 26 नवंबर, 1949 को संविधान का निर्माण पूरा कर राष्ट्र को समर्पित किया।

भारत के संविधान को दुनिया का सबसे बड़ा संविधान माना जाता है। इसमें 12 अनुसूचियाँ शामिल हैं। यह हस्तलिखित संविधान है, जिसमें 395 अनुच्छेद हैं। इसे तैयार करने में 2 साल, 11 महीने और 18 दिन का समय लग गया था। संविधान का मसौदा हिंदी और अंग्रेजी दोनों में ही हस्तलिखित था। इसमें किसी भी तरह की टाइपिंग या प्रिंट का इस्तेमाल नहीं किया गया था। संविधान सभा के 284 सदस्यों ने 24 जनवरी, 1950 को दस्तावेज पर हस्ताक्षर किए थे, फिर दो दिन बाद इसे लागू किया गया था।

भारत का संविधान देश का मूल विधान है। इसमें हमारी सभ्यता के

आदर्शों और मूल्यों के साथ हमारे स्वाधीनता संग्राम से उपजी आस्थाएँ और आकांक्षाएँ भी सम्मिलित हैं। संविधान हमारे गणराज्य के संस्थापकों के सामूहिक विवेक का मूर्त रूप है। यह मूल रूप से भारतवासियों की संप्रभु इच्छा की अभिव्यक्ति है।

भारत शासन अधिनियम-1935 के बाद भी भारत में केंद्रीय सरकार की स्थिति कुल मिलाकर वही बनी रही, जो 1919 के अधिनियम के अनुसार थी, क्योंकि 1935 के अधिनियम के संघीय उपबंध को कभी लागू ही नहीं किया गया। केवल प्रांतों में स्वायत्तता की शुरुआत किए जाने के कारण पद्धतियों और प्रक्रियाओं में यथा आवश्यक परिवर्तन किए गए।

देश में 1942 के 'भारत छोड़ो आंदोलन' से स्वतंत्रता संग्राम को एक नई दिशा मिली। तदुपरांत सत्ता के हस्तांतरण और स्वतंत्र भारत के लिए संवैधानिक ढाँचे का उपबंध करने के लिए अनेक प्रयास किए गए। इन्हीं प्रयासों के भाग के रूप में ब्रिटिश कैबिनेट मिशन 24 मार्च, 1946 को भारत आया। इस मिशन का उद्‌देश्य भारत में एक ऐसे तंत्र की स्थापना में वायसराय की मदद करना था, जिससे भारतीय अपना संविधान स्वयं तैयार कर सकें। स्वतंत्रता के मूल मुद्‌दों और बाहरी हस्तक्षेप के बिना भावी संविधान तैयार करने के लिए एक प्रतिनिधि संविधान सभा के गठन पर जोर दिया गया।

कैबिनेट मिशन ने 16 मई, 1946 को भारत के भावी संविधान को तैयार करने के लिए सिद्धांत और प्रक्रिया निर्धारित करते हुए अपनी योजना प्रस्तुत की। अविलंब संविधान निर्माण के लिए संविधान सभा के गठन के संबंध में इस योजना में अनेक सुझाव दिए गए।

प्रत्येक प्रांत के लिए उसकी जनसंख्या के अनुपात में कुल सीटों का आवंटन करना, जो वयस्क मताधिकार द्वारा प्रतिनिधियों के लिए दस लाख अथवा उसके आसपास की संख्या के लिए एक प्रतिनिधि के अनुसार निर्धारित की जाएगी। प्रत्येक प्रांत की जनसंख्या के अनुपात के अनुपालन में मुख्य समुदायों के बीच सीटों के प्रांतीय आवंटन का विभाजन करना और इस बात का उपबंध करना कि प्रांत में प्रत्येक समुदाय के लिए आवंटित प्रतिनिधियों

का विधानसभा के लिए निर्वाचन उस समुदाय के सदस्यों के द्वारा किया जाएगा। इन सुझावों पर संविधान तैयार हुआ, जिस पर हमारा लोकतंत्र चल रहा है।

संविधान की प्रस्तावना में संविधान का मूल उल्लेख है। यह प्रस्तावना भारतीय संस्कृति से जुड़े हमारे संविधान के उद्देश्य को पूरी तरह से स्पष्ट करती है। प्रस्तावना में है—

- हम, भारत के लोग, भारत को एक (संपूर्ण प्रभुत्वसंपन्न समाजवादी पंथनिरपेक्ष लोकतंत्रात्मक गणराज्य) बनाने के लिए, तथा उसके समस्त नागरिकों को :
- सामाजिक, आर्थिक और राजनीतिक न्याय,
- विचार, अभिव्यक्ति, विश्वास, धर्म और उपासना की स्वतंत्रता,
- प्रतिष्ठा और अवसर की समता प्राप्त कराने के लिए,
- तथा उन सबमें व्यक्ति की गरिमा और (राष्ट्र की एकता और अखंडता) सुनिश्चित करनेवाली बंधुता बढ़ाने के लिए दृढ़संकल्प होकर अपनी इस संविधान सभा में आज तारीख 26 नवंबर, 1949 ई. (मिति मार्गशीर्ष शुक्ल सप्तमी, संवत् दो हजार छह विक्रमी) को एतद् द्वारा इस संविधान को अंगीकृत, अधिनियमित और आत्मार्पित करते हैं।

संविधान में उल्लेखित मौलिक कर्तव्य की संख्या 11 है। ये मौलिक कर्तव्य नागरिकों को देश की अखंडता और अक्षुणता कायम रखने के साथ ही सद्भाव कायम रखने की संस्कृति को इंगित करते हैं। संविधान के मौलिक कर्तव्यों के अंतर्गत यह अपेक्षा की जाती है कि प्रत्येक नागरिक संविधान का पालन करते हुए अपने दायित्वों का निर्वहन करे। मौलिक कर्तव्य इस प्रकार हैं—

- प्रत्येक नागरिक का यह कर्तव्य होगा कि वह संविधान का पालन करे और उसके आदर्शों, संस्थाओं, राष्ट्र ध्वज और राष्ट्र गान का आदर करे।

- स्वतंत्रता के लिए हमारे राष्ट्रीय आंदोलन को प्रेरित करनेवाले उच्च आदर्शों को हृदय में सँजोए रखे और उनका पालन करे।
- भारत की प्रभुता, एकता और अखंडता की रक्षा करे और उसे अक्षुण्ण रखे।
- देश की रक्षा करे।
- भारत के सभी लोगों में समरसता और समान भ्रातृत्व की भावना का निर्माण करे।
- हमारी सामाजिक संस्कृति की गौरवशाली परंपरा का महत्त्व समझे और उसका निर्माण करे।
- प्राकृतिक पर्यावरण की रक्षा और उसका संवर्धन करे।
- वैज्ञानिक दृष्टिकोण और ज्ञानार्जन की भावना का विकास करे।
- सार्वजनिक संपत्ति को सुरक्षित रखे।
- व्यक्तिगत एवं सामूहिक गतिविधियों के सभी क्षेत्रों में उत्कर्ष की ओर बढ़ने का सतत प्रयास करे।
- माता-पिता या संरक्षक द्वारा 6 से 14 वर्ष के बच्चों को प्राथमिक शिक्षा प्रदान करना (86वाँ संशोधन)।

संविधान हमें हमारे कर्तव्यों के साथ ही अधिकारों के लिए जागरूक करता है। विश्व के सबसे बड़े लोकतांत्रिक राष्ट्र के संविधान के रूप में भारत का संविधान मानवीय अधिकारों का भी एक तरह से वैश्विक दस्तावेज है। इसके प्रति सम्मान का अर्थ है—हम संप्रभुत्वसंपन्न हमारे देश की गरिमा के लिए कार्य कर रहे हैं। संविधान के जो मूल कर्तव्य और अधिकार इस लेख में मैंने दिए हैं, उन्हें यहाँ फिर से लिखने का गहरा अर्थ है। दिखने में नहीं, इन्हें व्यवहार में जीवन में उतारने की जरूरत है। इसलिए कि संविधान इनके जरिए ही हमें जागरूक करता है। जीवन जीने का एक तरह से आलोक प्रदान करता है। इसे इस तरह से समझें कि जनतांत्रिक व्यवस्था में हस्तक्षेप की भूमिका इनसे ही बनती है। हस्तक्षेप भी जनता का अधिकार है और कर्तव्य

भी। मैं यह भी मानता हूँ कि लोकतंत्र किसी स्थान पर असफल होता है तो उसका कारण निर्वाचित प्रतिनिधि जितने हैं, उतने ही इसके जिम्मेदार उस देश के नागरिक भी हैं। यह बात इसलिए कि लोकतंत्र में विश्वास करनेवाला हरेक नागरिक जब तक अपने कर्तव्यों की पालना नहीं करेगा, अधिकार की अपेक्षा नहीं रख सकता। संविधान की उद्देशिका में जो बातें कही गई हैं, वे लोकतंत्र का एक तरह से मर्म हैं। उन्हें जीवन में उतारकर ही लोकतंत्र के आलोक को भी बचाए रखा जा सकता है। महात्मा गांधी ने कभी कहा था, 'मेरे लिए लोकतंत्र का अर्थ एक ऐसी व्यवस्था से है, जिसमें समाज के सबसे कमजोर तबके को भी वही अवसर मिलते हों, जो सबसे शक्तिशाली वर्ग के पास रहते हैं। वास्तविक जनतंत्र में शक्ति नीचे से ऊपर की ओर जाती है।' उनके इस लेख के आलोक में भी इसी बात की पुष्टि होती है कि संविधान अधिकारों और कर्तव्यों के जरिए जनतंत्र में समानता का संचार करता है।

भारतीय संविधान लोकतंत्र की स्वस्थ परंपरा का संवाहक है। संविधान प्रदत्त मूल्यों में जाएँगे तो यह भी लगेगा कि यह ऐसे समाज के निर्माण की कल्पना से प्रेरित है, जिसमें हरेक व्यक्ति बगैर किसी भेदभाव के समानता का अधिकार प्राप्त करे। यह हरेक व्यक्ति को अपनी सामर्थ्य और प्रतिभा के अनुसार विकास के उत्कृष्ट अवसर प्रदान करता है। यह वंचित वर्गों के हितों की सुरक्षा का दायित्वबोध देता है तो नैतिक मूल्यों से जीवन जीने की निरंतर राह सुझाता है। संविधान में नैतिक मूल्यों से जीवन जीने की बात के भी गहरे निहितार्थ हैं—इसके भावार्थ में जाएँगे तो यह लगेगा कि संविधान ऐसी व्यवस्था का नियमन करता है, जिसमें समाज की सुरक्षा और उसके हितों की साधना का संकल्प है। बाबा साहेब आंबेडकर ने संविधान को पेश करते समय जो बात कही थी, वह आज भी प्रासंगिक है। उन्होंने कहा था कि संविधान कितना भी अच्छा हो, वह अंततः बुरा साबित होगा, अगर उसे इस्तेमाल करनेवाले लोग बुरे होंगे। संविधान कितना भी बुरा क्यों न हो, अंततः अच्छा साबित होगा, अगर उसे इस्तेमाल करनेवाले लोग अच्छे होंगे।

भारतीय संविधान निर्माण के बाद उसमें अब तक 127 संशोधन हो चुके

हैं। समय, स्थितियों के अनुसार संविधान में यह लचीली व्यवस्था रखी गई है। संविधान का मूल आलोक यही है कि इसे इस्तेमाल करनेवाले इसकी मर्यादा को समझें, लोकतंत्र को सुदृढ़ करने के संकल्प को याद रखें। संविधान के अधिकार और कर्तव्य इसी की याद दिलाते हैं।

□

मानव अधिकारों का वैश्विक दस्तावेज

संविधान हमारे राष्ट्र का गौरव है। राजस्थान में राज्यपाल और विश्वविद्यालयों का कुलाधिपति बनने के बाद जो मैंने अनुभव किया, वह यह था कि संविधान के प्रति युवाओं में जागरूकता का अभाव है। संविधान देश के संचालन की आदर्श आचारसंहिता ही नहीं है, बल्कि यह हमें हमारे कर्तव्यों और अधिकारों के प्रति सजग करनेवाला महत्त्वपूर्ण ग्रंथ है। इसलिए मैंने राजस्थान में सबसे पहले इसी बात की पहल की कि प्रदेश के सभी सरकारी विश्वविद्यालयों में संविधान पार्क की स्थापना हो। इसके लिए बाकायदा विश्वविद्यालयों के कुलपतियों के साथ संवाद कर यह तय किया गया कि यह संविधान पार्क इस रूप में बने कि विश्वविद्यालय में प्रवेश लेनेवाला हर विद्यार्थी संविधान के प्रति सजग हो सके। इसके पीछे मंशा यही है कि हमारी जो युवा पीढ़ी है, उसे विश्व के सबसे बड़े लोकतांत्रिक हमारे देश की लोकतांत्रिक पद्धति के संचालन की प्रक्रिया के बारे में जानकारी हो।

मैं यह मानता हूँ कि संविधान देश की शासनप्रणाली और राज्य को चलाने के लिए बनाया गया महत्त्वपूर्ण दस्तावेज है। यह वह मार्गदर्शक प्रकाश-स्तंभ है, जिससे हमारे यहाँ लोकतांत्रिक व्यवस्था का संचालन होता है। भारतीय संविधान विश्व भर के लोकतंत्रों की सर्वश्रेष्ठ व्याख्या है। इसमें अधिकारों के साथ-साथ नागरिक कर्तव्यों के बारे में भी सचेत किया गया है। इसलिए यह तय किया गया कि प्रदेश के सभी विश्वविद्यालयों में संविधान पार्क बने, ताकि इसके जरिए भारतीय संविधान की मूल भावना से हमारा युवावर्ग जुड़ा रहे।

भारतीय संविधान लिखने का कार्य 9 दिसंबर, 1946 को प्रारंभ हुआ। सच्चिदानंद सिन्हा इस सभा के सभापति थे। बाद में डॉ. राजेद्र प्रसाद को सभापति

निर्वाचित किया गया। डॉ. भीमराव आंबेडकर को अध्यक्ष विधिवेत्ता चुना गया। भारतीय संविधान का निर्माण 2 वर्ष, 11 महीने 18 दिन में पूरा हुआ और डॉ. राजेंद्र प्रसाद को 26 नवंबर, 1949 को भारत का संविधान सुपुर्द किया गया।

भारतीय संविधान हमारे देश के आदर्शों, उद्देश्यों व मूल्यों का संचित प्रतिबिंब है। संविधान कोई जड़ दस्तावेज नहीं है, बल्कि समय के साथ यह निरंतर विकसित होता रहता है। संविधान संशोधन के जरिए इसमें आवश्यकतानुसार परिवर्तन किए जाते हैं, इसलिए भी भारतीय संविधान आज विश्व भर में एक प्रमुख उदाहरण माना जाता है।

हमारा संविधान एकता और राष्ट्रवाद के आदर्शों को बढ़ावा देता है। विश्वविद्यालय में संविधान पार्क की स्थापना से छात्र जीवन से ही विद्यार्थियों में लोकतांत्रिक आस्थाओं में अभिवृद्धि की प्रेरणा मिलेगी, इस विश्वास के साथ ही इस दिशा में पहल की गई।

संविधान नियम-कानूनों का दस्तावेज भर नहीं है, बल्कि यह पवित्र ग्रंथ है। पूरी दुनिया की सर्वश्रेष्ठ प्रस्तावना (Preamble) किसी संविधान की मानी गई है तो वह हमारे देश की है। भारतीय संविधान की प्रस्तावना में ही स्पष्ट है कि संविधान की शक्ति सीधे जनता में निहित है। इसलिए हमारे संविधान का प्रारंभ ही 'हम भारत के लोग' शब्दों से होता है। संविधान किन आदर्शों, आकांक्षाओं को प्रकट करता है, इसे संविधान उद्देशिका के 'हम भारत के लोग' शब्दों से स्पष्ट समझा जा सकता है। 'हम भारत के लोग' केवल वाक्य भर नहीं है। यह हमारी महान् भारतीय संस्कृति का एक तरह से जीवन-दर्शन है।

भारतीय संविधान देश के समस्त नागरिकों को सामाजिक, आर्थिक और राजनीतिक न्याय का अधिकार देता है। अभिव्यक्ति की स्वतंत्रता, धर्म और उपासना की स्वतंत्रता, समता की स्थापना तथा सबमें व्यक्ति की गरिमा और राष्ट्र की एकता सुनिश्चित करनेवाली बंधुता के लिए भी हमारा संविधान विश्व भर में अपनी अलग पहचान रखता है।

मैं यह भी मानता हूँ कि भारत का संविधान मानव अधिकारों का वैश्विक दस्तावेज है। मानव अधिकारों की सुरक्षा की विश्वसनीय व्यवस्था कहीं पर है तो वह भारतीय संविधान में ही है।

जब-जब भारतीय संविधान के बारे में सोचता हूँ, मुझे विश्व कवि गुरुदेव रवींद्रनाथ टैगौर की कविता की ये पंक्तियाँ विशेष रूप से याद आती हैं—

जहाँ चित्त भय से शून्य हो
जहाँ हम गर्व से माथा ऊँचा करके चल सकें
जहाँ ज्ञान मुक्त हो¨
जहाँ विचारों की सरिता
तुच्छ आचारों की मरुभूमि में न खोती हो।¨

गुरुदेव की ये कविता पंक्तियाँ प्रेरणा देनेवाली हैं। भारतीय संविधान में प्रदत्त मानवीय अधिकारों और कर्तव्यों को उनकी इस कविता से गहराई से समझा जा सकता है। विविधता में एकतावाले हमारे देश का संविधान समता-आधारित ऐसी मानवीय व्यवस्था है, जिसमें सभी को निर्भय रहते नागरिकों को उच्च आदर्शों का जीवन जीने की प्रेरणा देता है।

भारतीय संविधान में नागरिक अधिकार हैं तो कर्तव्य भी हैं। भारतीय संस्कृति में अधिकार और कर्तव्यों के संतुलन से ही मानवीय गरिमा को स्थापित किए जाने पर सदा जोर दिया जाता रहा है। राष्ट्रपिता महात्मा गांधी ने कभी कहा था—'कर्तव्यों के हिमालय से अधिकारों की गंगा बहती है।'

भारतीय संविधान को भी इसी दृष्टि से देखे और समझे जाने की जरूरत है। बहुत बार मैं यह पाता हूँ कि संविधान में दिए अधिकारों के प्रति तो हम जागरूक होते हैं, परंतु कर्तव्यों के प्रति उदासीन होते हैं। यह ठीक है कि अपने अधिकारों और हितों के लिए हम लड़ें और आंदोलन करें, परंतु अधिकारों को अराजकता में न बदलें, इस पर भी विशेष रूप से ध्यान देने की जरूरत है कि अपने अधिकारों के लिए लड़ना संवैधानिक हो सकता है, परंतु इसकी आड़ में राष्ट्र की संपत्ति का नुकसान करना, लोगों की जान-माल की हानि करना, कानून तोड़ना, सरकारी इमारतों, संपत्तियों को नुकसान पहुँचाना अराजकता है। इस पर गहराई से विचार करने की जरूरत है।

लोकतंत्र में अपने हितों के लिए जनता का सक्रिय हस्तक्षेप होना चाहिए। संविधान की उद्देशिका इसे सुनिश्चित करती है, परंतु यह हस्तक्षेप जन-धन की हानि, राष्ट्रीय संपत्ति के नुकसान के रूप में नहीं होना चाहिए।

संविधान आजादी की मर्यादा है। इसलिए यह जरूरी है कि संवैधानिक मूल्यों, नैतिकता, मर्यादाओं और गरिमा के साथ हम राग-द्वेष एवं भेदभाव से मुक्त रहते हुए संविधान निर्माताओं की भावनाओं को सम्मान दें।

संविधान के अनुसार प्रत्येक नागरिक का यह कर्तव्य है कि वह संवैधानिक संस्थाओं का आदर करें, नियम-कानूनों की पालना करें। सर्वधर्म, सद्भाव और महिलाओं की सुरक्षा और उनके सम्मान को बरकरार रखते हुए हमारी संस्कृति की गौरवशाली परंपराओं को समृद्ध करें। देश में समतामूलक समाज की स्थापना हर नागरिक का कर्तव्य है। संविधान इसी के लिए हमें सदा प्रेरित करता है।

भारतीय संविधान अधिकारों और कर्तव्यों के संतुलन का मानवीय दस्तावेज ही नहीं है, बल्कि बेहद कलात्मक रूप लिये है। मैंने भारतीय संविधान की मूल प्रति का अवलोकन किया है। मुझे यह बताते हुए गर्व हो रहा है कि भारतीय संविधान अपने संवैधानिक प्रावधानों, मानव अधिकारों और कर्तव्यों के आलोक के साथ सुंदर कलाकृति रूप में सृजित किया गया है।

संविधान की मूल प्रति के हर पन्ने पर भारतीय संस्कृति से जुड़ी चित्रकृतियाँ हैं। संविधान की मूल प्रति पर नटराज का स्वरूप भी अंकित है, जो मर्यादा पुरुषोत्तम भगवान् राम और कर्म का संदेश देते हुए भगवान् श्रीकृष्ण का भी स्वरूप है। शांति का उपदेश देते भगवान् बुद्ध संविधान की मूल प्रति पर अंकित किए गए हैं, तो वैदिक यज्ञ संपन्न कराते ऋषि-मुनियों के सुंदर रेखांकन भी उकेरे गए हैं।

बाबा साहेब भीमराव आंबेडकर के दिशा-निर्देशन में जो संविधान तैयार हुआ, उसमें यह तय किया गया था कि वह ऐसा बने कि भारतीय सभ्यता और संस्कृति का उसमें दर्शन हो।

देश के प्रख्यात कलाकार नंदलाल बोस और शांति निकेतन के उनके छात्रों ने इसलिए धर्म विशेष नहीं, बल्कि भारतीय इतिहास की विकास यात्रा को दरशानेवाले चित्र मूल प्रति में बनाए। संविधान में राष्ट्रीय चिह्न अशोक स्तंभ को संविधान के पहले पन्ने पर लगाया गया है तो हड़प्पा की खुदाई में मिले घोड़े, शेर, हाथी की सुनहरी सज्जा की गई। इसी में संविधान की प्रस्तावना को सजाया गया।

नंदलाल बोस के एक शिष्य राजस्थान के ख्यातिनाम कलाकार कृपालसिंह शेखावत रहे हैं। उन्होंने भी संविधान में अपनी कला का अलंकरण किया है। मैं समझता हूँ कि राजस्थान के लिए यह बेहद गर्व की बात है कि मूल संविधान की बनी प्रति में कृपालसिंहजी के जरिए राजस्थान की कला-भूमि का भी योगदान रहा है।

संविधान की मूल प्रति हिंदी और अंग्रेजी दोनों भाषाओं में हाथ से लिखी गई है। इसे प्रेम बिहारी नारायण रायजादा द्वारा लिखा गया था। रायजादा ने पेन होल्डर निब से संविधान के हर पन्ने को बहुत ही खूबसूरत इटैलिक अक्षर में लिखा है।

भारतीय संविधान को मैं लोकतंत्र संचालन का लिखित कानून ही नहीं, बल्कि भारतीय संस्कृति का गौरव ग्रंथ मानता हूँ। इसलिए आप सभी से आज 'संविधान दिवस' पर संविधान से जुड़े बहुत सारे संदर्भ मुझे स्मरण हो आए हैं।

'वसुधैव कुटुंबकम्' की भारतीय अवधारणा पूरे विश्व को अपना परिवार मानने में विश्वास करती है। भारतीय संविधान अनेकता में एकता और सर्वधर्म सद्भाव, समानता की भारतीय संस्कृति का प्रतीक है।

□

राष्ट्रीय नीति के सांस्कृतिक आधार

हमारे देश भारत की राष्ट्रीयता की अवधारणा राज्य पर आधारित नहीं, बल्कि संस्कृति पर आधारित रही है। प्राचीन काल में भारतवर्ष के विभिन्न प्रदेशों में पृथक्-पृथक् स्वाधीन राज्य थे, परंतु राजनीतिक दृष्टि से विभिन्न राज्यों में विभक्त होते हुए भी सांस्कृतिक दृष्टि से संपूर्ण भारतवर्ष एक राष्ट्र माना जाता रहा है, जो अपने आप में विश्व का पहला उदाहरण है। भारत की एकता एवं अखंडता का आधार इसकी सांस्कृतिक एकता है। अतः भारतीय राष्ट्रवाद की सांस्कृतिक अवधारणा और राष्ट्रीय नीति आपस में पूरक हैं।

भारतीय परंपरा व्यक्ति आधारित न होकर समाज एवं राष्ट्र आधारित रही है। हमारे यहाँ समष्टि को व्यष्टि से ऊपर माना गया है। वर्तमान में व्यक्ति आधारित विचार-तंत्र का हावी होना समाज, देश और प्रकृति के समक्ष अनेक दुविधाएँ उपस्थित कर रहा है।

राष्ट्रीय नीति में, सांस्कृतिक आधार की दृष्टि से, संयुक्त परिवारों का भी अपना महत्त्व है। भले ही राष्ट्रीय नीति में एकल परिवारों के उत्थान की योजना है, लेकिन संयुक्त परिवार की व्यवस्था ही इस राष्ट्र को मजबूती प्रदान करती है, जो इस राष्ट्र की एकता के लिए नितांत आवश्यक है।

राष्ट्रवादी व्यक्ति की एकमात्र चिंता, अपने राष्ट्र की स्वतंत्रता और विकास ही होती है। राष्ट्रवादी व्यक्ति पराधीनता से घृणा करता है। वह अपने राष्ट्र से अथाह प्रेम करता है। राष्ट्र के अस्तित्व के लिए अपना सर्वस्व न्योछावर करने के लिए वह तत्पर रहता है।

भारतीय संस्कृति के प्रेरणादायी बिंदुओं पर विचार करें तो पाएँगे कि हमारी संस्कृति उदार, गुणग्राही व समन्वयशील रही है। भारतीय संस्कृति के

संवाहक सूत्र यथा—संवेदना, कल्पना, आचरण, भाव, संयम, नैतिकता, उदारता व आत्मीयता के तत्त्व से हम अविच्छिन्न रूप से जुड़े हुए हैं।

भारतीय संस्कृति की अंतरात्मा एक ऐसी दिव्य परंपरा के साथ गुँथी हुई है, जिसे झुठलाना किसी के लिए भी संभव नहीं हो सकता। अपने दुराचरण के बारे में अनेक विवशताएँ बताकर अपने को निर्दोष सिद्ध करने का प्रयत्न तो कोई व्यक्ति भी कर सकता है, पर अनीति को नीति कहने का साहस कोई नहीं कर सकता। यही कारण है कि भारतीय संस्कृति को विश्व की कालजयी संस्कृति कहा गया है।

पर्वों, त्योहारों और जयंतियों की अधिकता और उन्हें उतने ही रस के साथ मनाने के तौर-तरीके भारतीय संस्कृति की ऐसी विशेषता है, जिसके सहारे परंपराओं को अपनाते रहने और उनसे प्रेरित होकर हृदयंगम करने के लिए पूरे समाज को निरंतर प्रकाश मिलता है। व्रत-उपवासों से जहाँ उदर रोगों की कारगर चिकित्सा की पृष्ठभूमि बनती है, वहीं मन की शुद्धि का भाव भी जुड़ा हुआ है। प्रत्येक शुभ कर्म के साथ अग्निहोत्र (हवन) से जुड़ा रहने के पीछे भी लोगों को यज्ञीय जीवन जीने की प्रेरणा सन्निहित है।

भारतीय सांस्कृतिक दर्शन सदैव प्रकृति का पुजारी रहा है। इसमें कहा गया है कि प्राकृतिक संसाधनों का उचित उपयोग तो करें, किंतु उसके दोहन की स्पष्ट मनाही है। शायद इसी कारण हमारे यहाँ पेड़-पौधों, नदियों-तालाबों, खेत-खलिहानों, पशु-पक्षियों, कूप-बावड़ियों इत्यादि को समय-समय पर पूजे जाने का विधान है।

संपूर्ण भारत में जन्म, विवाह और मृत्यु के संस्कार, रीति-रिवाज, आचार-व्यवहार और तीज-त्योहारों में भी समानता है। 1400 बोलियों तथा औपचारिक रूप से मान्यता प्राप्त 22 भाषाओं की विविधता के बावजूद, संगीत, कला, साहित्य नृत्य और नाट्य के मौलिक स्वरूपों में आश्चर्यजनक समानता है। संगीत के सात स्वर और नृत्य के त्रिताल संपूर्ण भारत में समान रूप से प्रचलित हैं। भारत अनेक धर्मों, संप्रदायों, मतों और पृथक्-पृथक् आस्थाओं एवं विश्वास का महासागररूपी स्तंभ है।

□

विश्वगुरु भारतीय संस्कृति

भारत विश्वगुरु के पद पर आसीन रहा है। इस सत्य से हम सभी परिचित हैं। हजारों वर्ष पहले से ही हमारे ऋषि-मुनि विभिन्न क्षेत्रों में ज्ञान की खोज में रत थे। ज्ञान-विज्ञान के क्षेत्र में संसार को ऋषि-मुनियों की अनेक महत्त्वपूर्ण देन हैं, जिनके लिए पूरा विश्व और समाज आज भी उनका ऋणी है। ज्ञान के विभिन्न क्षेत्रों की ज्ञान धाराएँ भारत से ही प्रवाहित होकर विश्व में बह रही हैं। संसार की पहली पुस्तक ऋग्वेद मानी गई है और इसके पश्चात् यजुर्वेद, सामवेद तथा अथर्ववेद का प्रणयन हुआ था। वेदों को ईश्वर की वाणी के समतुल्य समझा जाता है। भगवान् ब्रह्मा को इनका रचयिता माना जाता है। इनमें विभिन्न क्षेत्रों से संबंधित ज्ञान का अथाह भंडार है।

भारत का वाङ्मय अत्यंत विपुल एवं विविधतासंपन्न है। इसमें धर्म, दर्शन, भाषा व्याकरण आदि के अतिरिक्त गणित, ज्योतिष, आयुर्वेद, रसायन, धातुकर्म, सैन्य, विज्ञान आदि भी विषय रहे हैं।

ज्योतिष के प्राचीन आचार्यों में आर्यभट्ट का नाम भारत में ही नहीं, वरन् विश्व के ज्योतिषाचार्यों में वे अपना विशिष्ट स्थान रखते हैं। पाँचवीं शताब्दी में ही उन्होंने नक्षत्रों की वैज्ञानिक खोज कर डाली थी। ग्रहण की भविष्यवाणी करने की पद्धति का ज्ञान संसार को सर्वप्रथम उन्होंने ही दिया था। आचार्य ब्रह्मगुप्त, वराहमिहिर, भास्कराचार्य भी श्रेष्ठ ज्योतिषाचार्य थे। आज भी पंचांगों में चंद्रग्रहण, सूर्यग्रहण, चंद्रोदय, सूर्योदय, शुक्रग्रह के अस्त और उदय, बुध व बृहस्पति नक्षत्रों के उदय और अस्त का जो समय भारतीय गणित ज्योतिष के आधार पर लिख दिया जाता है, वह पूर्णतः सत्य होता है। आर्यभट्ट का 'सूर्य सिद्धांत' एवं 'सिद्धांत शिरोमणि' ज्योतिष के श्रेष्ठ ग्रंथ हैं।

यह सर्वविदित है कि शून्य एवं दशमलव की खोज भारत में ही हुई है। यह भारत के द्वारा विश्व को दी गई अनमोल देन है। गणित के मुख्यत: तीन भाग हैं—अंकगणित, बीजगणित और रेखागणित। वैदिक काल में अंकगणित अपने विकसित स्वरूप में स्थापित थी। यजुर्वेद में एक से लेकर 10 खरब तक की संख्याओं का उल्लेख है। बीजगणित के विकास का श्रेय आर्यभट्ट को जाता है। रेखागणित का आविष्कार भी वैदिककाल में हो गया था। यज्ञशालाओं, वेदिकाओं, कुंड आदि के अध्ययन से ज्ञात होता है कि इनका निर्माण रेखागणित के सिद्धांत पर किया गया था।

वैदिक काल तक अनेक खनिजों की खोज हो चुकी थी और उनका व्यावहारिक प्रयोग भी होने लगा था। इस क्षेत्र में सबसे ज्यादा कार्य नागार्जुन नामक बौद्ध विद्वान् ने किया था। रसायनशास्त्र का प्रसिद्ध ग्रंथ 'रसरत्नाकर' है, जिसके रचयिता नागार्जुन हैं। 'रसहृदयतंत्र', 'रसार्णव', 'रससार' आदि ग्रंथ भी रसायनशास्त्र के प्रसिद्ध भारतीय ग्रंथ हैं।

प्राचीन काल में शासन व्यवस्था धर्म आधारित थी। प्रमुख धर्म मर्मज्ञों वैश्वानस, अत्रि, उशना, कण्व, कश्यप, गार्ग्य, च्यवन, बृहस्पति, भारद्वाज आदि ने धर्म के विभिन्न सिद्धांतों एवं रूपों की विवेचना की। मनुस्मृति, याज्ञवल्क्य स्मृति, पाराशर स्मृति, नारद स्मृति, बृहस्पति स्मृति में लोकजीवन के सभी पक्षों की धार्मिक दृष्टिकोण से व्याख्या की गई है तथा नियम भी प्रतिपादित किए गए हैं।

अर्थशास्त्र का सबसे प्रसिद्ध ग्रंथ है—कौटिल्य का अर्थशास्त्र। इसमें धर्म, अर्थ, राजनीति, दंडनीति आदि का विस्तृत उपदेश है। इसके अलावा अन्य महत्त्वपूर्ण ग्रंथ हैं—कामंदकीय नीतिसार, नीतिवाक्यामृत, लघुअर्थनीति इत्यादि। कौटिल्य ने अनेक प्रकार के यंत्रों का वर्णन किया है, जो युद्ध में उपयोगी थे। चक्र यंत्र, स्थिति यंत्र आदि का वर्णन यह सिद्ध करता है कि यंत्र विज्ञान विकसित था। विमान विज्ञान के अंतर्गत पुष्पक विमान के नाम से सभी परिचित हैं। 'समरांगण सूत्र' नामक ग्रंथ में विमान रचना की विधि का वर्णन है। भारद्वाज रचित 'यंत्र सर्वस्व' में भी विमान रचना का विवेचन है।

वैदिक साहित्य में मनुष्य की 360 अस्थियों का वर्णन है। संस्कृत साहित्य में कीटों का वर्गीकरण ध्वनि, शरीर की बनावट, लिंगभेद, विष के प्रभाव, पक्ष,

पाद, मुख, बाल आदि के आधार पर हुआ है। सुश्रुत के अनुसार मक्खियाँ व चींटियाँ छह-छह प्रकार की होती हैं। इसी प्रकार अन्य प्राणियों का अध्ययन किया गया है।

वनस्पति विज्ञान के अध्ययन की परंपरा ऋग्वेद के समय से चली आ रही है। आयुर्वेद की दृष्टि से वनस्पतियों का अध्ययन किया जाता था। संस्कृत साहित्य में वृक्ष को मानव के समान सजीव बताया है।

शल्य क्रिया में सुश्रुत की आज भी सराहना की जाती है। महर्षि आत्रेय आयुर्वेद के ज्ञाता थे। उन्होंने 'आत्रेय संहिता' की रचना की थी। आत्रेय के शिष्यों ने दो ग्रंथों की रचना की। एक में काय चिकित्सा का वर्णन है, जिसे आज 'चरक संहिता' नाम से जाना जाता है। दूसरे ग्रंथ में शल्य चिकित्सा का वर्णन है, जिसे 'सुश्रुत संहिता' के नाम से जाना जाता है। भारतीय चिकित्सा पद्धति में धन्वंतरि को देवस्वरूप माना जाता है। उन्हीं के उपदेशों से 'सुश्रुत संहिता' की रचना हुई थी। सुश्रुत कृत 'सुश्रुत संहिता' में शल्य चिकित्सा के सवा नौ सौ औजारों का वर्णन है।

व्याकरण के क्षेत्र में पाणिनि का 'अष्टाध्यायी' और पतंजलि का 'महाभाष्य' श्रेष्ठ ग्रंथ हैं। पाणिनि भारत के ही नहीं, संसार के सर्वोत्कृष्ट व्याकरणाचार्य हुए हैं।

विधि विज्ञान का उल्लेख वैदिक साहित्य में प्राप्त होता है। तत्पश्चात् गौतम धर्मसूत्र, बौधायन धर्म सूत्र, वशिष्ठ धर्मसूत्र आदि में विधि विज्ञान का विवेचन है। इस क्षेत्र में श्रीमद्भगवद्गीता का नाम विशेष उल्लेखनीय है। संपूर्ण महाभारत आचारशास्त्र के सिद्धांतों से भरा पड़ा है।

इन क्षेत्रों के अतिरिक्त भी अन्य विभिन्न क्षेत्रों, यथा—संगीत, साहित्य, प्राकृतिक विज्ञान, भूगोल एवं खगोल, न्याय एवं तर्कशास्त्र, दर्शन, सामाजिक विज्ञान आदि से संबंधित महत्त्वपूर्ण ग्रंथों की रचना हमारे प्राचीन ऋषि-मुनियों द्वारा की गई थी।

भारत को विश्वगुरु की पदवी प्राप्त होने के अन्य भी कई आधार हैं, यथा—

- जब साइंस व्यवस्थित रूप में विकसित नहीं था, तब भारत में नवग्रहों की पूजा होती थी।

- जब पश्चिम के लोग कपड़े पहनना नहीं जानते थे, तब भारत रेशम के कपड़ों का व्यापार करता था।
- जब कहीं भ्रमण करने के कोई साधन स्कूटर, मोटरसाइकिल, जहाज आदि नहीं थे, तब भारत के पास बड़े-बड़े वायु विमान हुआ करते थे।
- जब डॉक्टर्स नहीं थे, तब सहज में स्वस्थ होने की बहुत सी औषधियों का ज्ञाता था भारत।
- सौर ऊर्जा की शक्ति का ज्ञाता था।
- चरक और धन्वंतरि जैसे आयुर्वेद के महान् आचार्य थे भारत देश में।
- जब अन्य देशों के पास हथियार के नाम पर लकड़ी के टुकड़े हुआ करते थे, उस समय भारत देश में आग्नेयास्त्र, प्रक्षेपास्त्र, वायव्यास्त्र तथा बड़े-बड़े परमाणु हथियारों का अथाह भंडार था।
- हमारे इतिहास पर रिसर्च करके ही अल्बर्ट आइंस्टाइन ने अणु, परमाणु पर खोज की है।
- हमारे इतिहास पर रिसर्च करके ही नासा अंतरिक्ष में ग्रहों की खोज कर रहा है।
- हमारे इतिहास पर रिसर्च करके एशिया और अमेरिका बड़े-बड़े हथियार बना रहा है।
- हमारे इतिहास पर रिसर्च करके रूस, ब्रिटेन, अमेरिका, थाइलैंड, इंडोनेशिया आदि देश बचपन से ही स्कूलों में संस्कृत सिखा रहे हैं।
- हमारे इतिहास पर रिसर्च करके वहाँ के डॉक्टर्स बिना इंजेक्शन, बिना दवाइयों के केवल ओमकार का जाप करने से लोगों के हार्ट अटैक, बी.पी., पेट, सिर, छाती की बड़ी-बड़ी बीमारियाँ ठीक कर रहे हैं। ओमकार थेरैपी का नाम देकर बड़े-बड़े हॉस्पिटल खोल रहे हैं।
- योग की शुरुआत भारत में ही हमारे प्राचीन ऋषि-मुनियों द्वारा की गई थी। आज पूरी दुनिया जानती है कि योग के कितने फायदे हैं, इसलिए 21 जून को विश्व योग दिवस मनाया जाता है। आज के दौर में विभिन्न मानसिक और शारीरिक समस्याओं से निजात पाने के लिए मेडिटेशन एक अहम रास्ता है।

मैं यह मानता हूँ कि भारत के पास ज्ञान का असीम समुद्र है, जिसमें गोते (अनुसंधान) लगाकर अनमोल रत्नों (आविष्कारों) को प्राप्त किया जा सकता है, जिनके आधार पर भारत विश्व का नेतृत्व कर सकता है। भारत को भारतीयता के आधार पर ही पुनः विश्वगुरु के पद पर स्थापित किया जा सकता है।

कोई भी देश या समाज तभी अपना सर्वांगीण विकास, जिसमें आर्थिक, धार्मिक, राजनीतिक, भौगोलिक आदि कर सकता है, जब वहाँ के शिक्षक गुरु होने के सामर्थ्य से युक्त हों। वे केवल धनोपार्जन के लिए नहीं, अपितु देशोत्थान, समाजोत्थान एवं मानवोत्थान हेतु कार्य करें। भारतीय साहित्य में निहित भारतीय संस्कृति के आधार वाक्य 'वसुधैव कुटुंबकम्', 'सर्वे भवन्तु सुखिनः' एवं देशभक्ति की भावना से ओत-प्रोत हों। जो विद्यार्थियों में देश और संस्कृति के प्रति प्रेम जाग्रत् कर सकें और उन्हें मूल्याधारित संस्कारक्षम शिक्षा दे सकें।

इसके लिए शिक्षक शिक्षा के पाठ्यक्रम में भारतीय वाङ्मय में निहित ज्ञान का समावेश किया जाना आवश्यक है। इसी से देश के भावी शिक्षकों में देश के प्रति गौरव, प्रेम और समर्पण का भाव जग सकता है।

□

ब्रह्मं जानाति ब्राह्मणः

परस्पर मिल-बैठकर संवाद करना हमारी भारतीय संस्कृति का मूल रहा है। मैं व्यक्तिगत रूप से यह मानता हूँ कि अंतर-विश्वास संवाद ही आज के समय में सबसे अधिक महत्त्वपूर्ण और प्रासंगिक है।

ब्राह्मण समाज को लेकर बहुत सारी भ्रांतियाँ हैं। मैं यह मानता हूँ कि ब्राह्मण कोई वर्ग भर ही नहीं है, बल्कि भारतीय संस्कृति है। भारत के सामाजिक बदलाव के इतिहास में ब्राह्मणों ने सदा ही मनुष्यता का पाठ पढ़ाते हुए जीवन को सकारात्मक दिशा प्रदान की है। देश और संपूर्ण मानव जाति के कल्याण के लिए सोच रखते हुए समाज को नेतृत्व प्रदान करने का महत्त्वपूर्ण कार्य ब्राह्मण समाज द्वारा किया जाता रहा है। ब्राह्मण कौन है ? इस पर जब भी सोचता हूँ तो मेरे समक्ष हमारी वैदिक भारतीय संस्कृति से चली आ रही परंपराएँ साकार हो जाती हैं। हमारे यहाँ कहा गया है—

ब्रह्मं जानाति ब्राह्मण:

अर्थात् ब्राह्मण वह है, जो ब्रह्म को जानता है। ब्राह्मण, यानी जो ईश्वर के बारे में जानता है। जीवन का अंतिम सत्य ईश्वर या परम ज्ञान की प्राप्ति ही तो है। इसलिए समाज में ईश्वरीय ज्ञान को सुलभ कराने का कार्य किसी ने किया है तो वह ब्राह्मण ही है। धर्म, संस्कृति और शिक्षा में इसलिए ब्राह्मण सदा ही अगुआ रहे हैं।

पुराणों से चली आ रही परंपरा में ब्राह्मण को देवता कहा गया है। मैंने शास्त्रों का थोड़ा-बहुत पारायण किया है। हमारे यहाँ कहा भी गया है कि पृथ्वी में जितने भी तीर्थ हैं, वह सभी समुद्र में मिलते हैं और समुद्र में जितने भी तीर्थ हैं, वह सभी ब्राह्मण में समाहित हैं। चार वेद उसके मुख में हैं। अंग में सभी देवता आश्रय करके रहते हैं।

ब्राह्मण मन, कर्म और वचन से सभी के प्रति सद्भावी और सहिष्णु होता है। इसलिए कहा गया है—

ब्राह्मण सर्वेजनासुखिनो भवन्तु।

अर्थात् ब्राह्मण सभी प्राणियों के सुख और समृद्धि की कामना करनेवाला है। इसलिए वह देवतास्वरूप माना गया है। यह माना जाता है कि ब्राह्मण सप्तऋषियों की संतानें हैं।

ब्राह्मणों की उत्पत्ति वैदिक काल से भी पुरानी मानी जाती है। इसलिए हमारे यहाँ जो चार वेद हैं, उनके आधार पर भी ब्राह्मणों को देखा जाता है। जैसे कुछ उदाहरण हैं—सामवेदी वे हैं, जो सामवेद गायन करते थे। अग्निहोत्री वे हैं, जो अग्नि में आहुति देनेवाले ऋग्वेद का पाठ करते हैं। द्विवेदी, त्रिवेदी, चतुर्वेदी आदि भी वेदों के ज्ञान से ही जुड़े रहे हैं।

इसलिए हमारे देश की संस्कृति का विकास ब्राह्मणों द्वारा ही निरंतर किया जाता रहा है। मैं तो यह भी मानता हूँ कि आधुनिक भारत के निर्माण में ब्राह्मण समाज की अग्रणी भूमिका रही है। साहित्य, विज्ञान एवं प्रौद्योगिकी, राजनीति, संस्कृति, पांडित्य, धर्म में ब्राह्मणों का जो योगदान निरंतर रहा है, वह अपरिमित है।

संस्कृति की धारा को निरंतर प्रवाहित करनेवाला ब्राह्मण समाज पिछले कुछ वर्षों के दौरान दिग्भ्रमित भी हो रहा है। जो समाज निरंजन यानी विकाररहित रहा है, उसमें भी समय के साथ कुरीतियाँ और सामाजिक बुराइयाँ घर करती जा रही हैं। कुछ लोगों द्वारा दहेज, अंधविश्वास, मद्यपान जैसी सामाजिक कुरीतियों को अपनाने से पूरा समाज बदनाम होता है।

अपने आप को जो ब्राह्मण कहता है, उसके लिए यह जरूरी है कि सामाजिक बुराइयों और कुरीतियों से दूर रहते समाज और राष्ट्र के विकास में अपनी भूमिका निभाए। परस्पर ईर्ष्या, कलह और द्वेष से बचे। इसी से यह समाज फिर से देश को दिशा देनेवालों के रूप में प्रतिष्ठित होगा।

मैंने कुछ समय पहले स्वामी सहजानंद सरस्वतीजी द्वारा ब्राह्मण समाज पर लिखा बहुत पुराना लेख पढ़ा। उनको पढ़ते हुए जैसे बहुत-कुछ नया जानने को मिला। उन्हीं के लिखे से ज्ञात हुआ कि ब्राह्मण समाज पर अलग से

'ब्राह्मणोत्पत्तिमार्तण्ड' ग्रंथ तक लिख दिया गया और उसमें पुराणों के नाम पर बहुत से श्लोक भी ब्राह्मणों पर अलग से लिख दिए गए हैं। इस ग्रंथ के रचयिता ने पुराणों के नाम पर अपने ही श्लोक मनगढ़ंत लिखे हुए हैं। ऐसे और भी भ्रमित करनेवाले ग्रंथ हो सकते हैं। ऐसे ग्रंथों और उनकी बातों से हमें भ्रमित नहीं होना चाहिए। हमारी संस्कृति 'मनुर्भव' रही है, यानी मनुष्य बनें। वही ब्राह्मण है, जो मनुष्यता का पाठ पढ़ाता है।

समाज का अर्थ है, जो समय के साथ चले। वही समाज आगे बढ़ा है और निरंतर विकास किया है, जिसने समय के साथ अपने आप को सम्मिलित करते हुए जीवन को जिया है। उदात्त जीवन-मूल्य ही व्यक्ति को महान् बनाते हैं। इसलिए इस बात पर अधिक चिंतन-मनन करने की जरूरत है कि कैसे ब्राह्मण समाज का ओज और ब्रह्म मानव निर्मित समाज में कायम रहे। निश्चित ही इसके लिए हमें त्याग की भावना रखते हुए अपने ही नहीं, सदा दूसरों के कल्याण की सोच से कार्य करते हुए राष्ट्र और समाज के लिए कार्य करना है। ब्राह्मण समाज ने सदा ही मानवता के कल्याण, भले के लिए कार्य किया है। इसी पर विचार करते हुए हमें भविष्य की नई राहों का सृजन करना है।

□

ईश्वर प्रदत्त संविधान

वेद भारतीय ज्ञान-विज्ञान की पहली सीढ़ी हैं। संपूर्ण भारतीय संस्कृति, कला, साहित्य, धर्म, विज्ञान और दर्शन वैदिक सिद्धांतों तथा उनकी भावधारा से ही अनुप्राणित हैं। सभी शुभ एवं मांगलिक कार्यों को प्रारंभ करने से पहले वेद के कुछ मंत्रों का ही पाठ होता है। यही मंत्र स्वस्ति-वाचन है। 'स्वस्ति' यानी कल्याण करनेवाला। ऋग्वेद का सूक्त है—

आ नो भद्रा: क्रतवो यन्तु विश्वत:।

अर्थात् हे प्रभु! हमें सब ओर से कल्याणकारी विचार प्राप्त हों।

वेद शब्द का अर्थ ही है—जो सनातन है। जो अपूर्व ज्ञानप्रद है और जिसमें अलौकिक विचारों का अमृत कोष है। इसलिए मैं यह मानता हूँ कि लौकिक और लोकोत्तर लाभप्रद कोई ग्रंथ है तो वह 'वेद' हैं।

भारतीय संस्कृति इसलिए तो वेद संस्कृति कही जाती है कि यहाँ जीवन से जुड़े सभी कार्यों का आदर्श विधान वेदों ने ही दिया है। वेदों के आरंभ में 80 हजार मंत्र कर्मकांड का निरूपण करते हैं। गर्भाधान से लेकर मृत्युपर्यंत सोलह प्रकार के संस्कारों का निरूपण वेद करते हैं। सरस्वती घाटी, सिंधु घाटी सभ्यता के विकास के मूल में वैदिक दृष्टि और संस्कृति ही तो रही है।

विश्व भर के विद्वानों ने वेदों में निहित हमारे ज्ञान पर शोध कर हमारी इस संस्कृति को सराहा है। लियो टॉलस्टॉय महान् मानवतावादी विद्वान् कहे जाते हैं, परंतु उन्होंने खुद अपने लेखन में स्वीकार किया है कि वेद की ऋचाओं ने उन्हें अंदर तक प्रभावित किया और उसका उन पर प्रभाव रहा है। शोपेन हावर, हेनरिक जिमर आदि जर्मन विद्वानों की सुदीर्घ परंपरा वेद

विद्या के अध्ययन से ही समृद्ध और संपन्न होती रही है।

अथर्ववेद के 'भूमि-सूक्त' में आता है, भूमि मेरी माता है और मैं उसका पुत्र हूँ। राष्ट्र को माता स्वरूप मानने, उसे नमन करने के ऐसे भाव वेदों में सर्वत्र हैं। इसलिए मेरा यह भी मानना है कि वेद राष्ट्रीयता की उदात्त भावना प्रदान करनेवाले ज्ञान के महासागर हैं। इसलिए सभी राष्ट्रवासियों को चाहिए कि राष्ट्रीयता की भावना से ओत-प्रोत वेदों की शिक्षा को हम व्यवहार में ग्रहण करें। वेद विद्या पीठ की स्थापना को इसलिए मैं अत्यंत महत्त्वपूर्ण मानता हूँ।

मेरा यह भी मानना है कि वेदों में वर्णित संस्कार-विधि के अनुसार यदि माता-पिता अपने बच्चों को सुसंस्कृत करें तो बालक का सर्वांगीण विकास हो सकता है। यह बात मैं इसलिए मानता हूँ कि समस्त शास्त्र, पुराण, इतिहास, रामायण, गीता और महाभारत आदि जितने भी धर्मग्रंथ हैं, उनका मूल आधार वेद ही हैं। वेदों के बाद ही यह सब लिखे गए।

हमारे जो चार वेद हैं—ऋग्वेद, यजुर्वेद, सामवेद तथा अथर्ववेद; इन्हें ईश्वर का निःश्वास कहा गया है, यानी ईश्वर द्वारा ही ये निर्मित हैं। समस्त जगत् का निर्माण वेदों से ही माना गया है, इसलिए इन्हें अपौरुषेय भी कहा गया है। मनुस्मृति के अनुसार वेद श्रुति हैं, यानी सुना हुआ ज्ञान। सृष्टि के आरंभ से लेकर आज तक जिसकी सहायता से बड़े-बड़े ऋषि-मुनियों को सत्यविद्या ज्ञात हुई, वह श्रुति वेद हैं। वेदकालीन ऋषियों ने समाधि में जो महाज्ञान प्राप्त किया और जिसे जगत् के कल्याण के लिए प्रकट किया, वह महाज्ञान ही वेद हैं।

जीवन और साहित्य की कोई भी विधा ऐसी नहीं है, जिसका बीज वैदिक वाङ्मय में न मिले। इसलिए हमारे यहाँ कहा गया है, 'अनंता वै वेदाः' अर्थात् वेदवाणी अनादि, अनंत और सनातन है तथा ब्रह्माजी द्वारा लोकहितार्थ ही इन्हें प्रकट किया गया है।

आदि शंकराचार्य ने आठ वर्ष की अवस्था में ही समस्त वेद-वेदांगों का ज्ञान प्राप्त कर लिया था और 16 वर्ष की अवस्था में तो समस्त वेद-वेदांगों के भाष्य उन्होंने लिख दिए थे। वह जब 24 वर्ष के हुए तो वेद-विरोधियों को उन्होंने अपने अकाट्य तर्कों से परास्त कर सनातन धर्म-ध्वजा फहरा दी थी। उम्र के बत्तीसवें वर्ष में संपूर्ण विश्व में वैदिक धर्म की स्थापना करके चारों दिशाओं में

चार विशाल मठों की उन्होंने स्थापना की। उद्देश्य यह था कि व्यक्ति अपने घर से बाहर निकले। बाहर की दुनिया को देखे और उससे भीतर की समझ विकसित करे। इसलिए चार दिशाओं में मठों के रूप में उन्होंने तीर्थ स्थापित किए। तीर्थाटन की उनकी प्रारंभ परंपरा से ही आज के पर्यटन का जन्म हुआ है।

आदि शंकराचार्य ने अपने समय में वेदांत सूत्रों के जरिए उस समय में वैज्ञानिक स्थापनाएँ कीं। ऐसे समय में जब हर कोई अपने को महान् और भगवान् बनाने में लगा था, शंकराचार्य ने कहा कि वेद ही श्रेष्ठतम हैं। उन्होंने कहा कि भगवान् कैसे हैं, उनकी क्या विशेषताएँ हैं, उनकी प्राप्ति कैसे होगी, यह सब वेद बताते हैं। उन्होंने ही बताया कि वेदों का अध्ययन इसलिए जरूरी है कि इन्हें यदि नहीं पढ़ा तो कोई भी व्यक्ति अपने को भगवान् बताकर हमें भ्रम में डाल सकता है। सोचिए! उनकी यह कैसी विरल दृष्टि थी।

वैदिक ज्ञान का केंद्रीय चिंतन ही है—सत्य, प्रकाश और अमरत्व की खोज। मैं तो बल्कि यह भी मानता हूँ कि वेद भगवान् का संविधान है। ऐसे अनेक मंत्र इनमें हैं, जिनसे शिक्षा प्राप्त कर मनुष्य सर्वोच्च शिखर पर पहुँच सकता है। इनमें ही इस लोक को सुखमय और परलोक को कल्याणमय बनाने का ज्ञान समाया हुआ है। वेदों को इसलिए श्रुति कहा जाता था कि यह श्रवण की समृद्ध भारतीय परंपरा रही है। सदियों की इस परंपरा के बाद भी इस ज्ञान का आज इस रूप में उपलब्ध होना इसकी चिरंतरता के साथ प्रामाणिकता व उपादेयता को सिद्ध करता है।

वेदों का ज्ञान हमें प्रकृति व पर्यावरण से दैवीय माध्यमों से जोड़ता है एवं यह सिखाता है कि किस तरह हम प्रकृति में परमात्मा का अनुभव कर सकें। कैसे आधुनिक विकास के साथ परंपरा को सहेजते हुए जीवन में समन्वय स्थापित कर सकें। राजस्थान के बाँसवाड़ा, डूँगरपुर, प्रतापगढ़ जिलों में घने वन हैं। प्रकृति पूजा के अनुयायी जनजाति समाज की भी यहाँ बहुतायत है। पर यह भी महत्त्वपूर्ण है कि वेदों का ज्ञान परोक्ष रूप से आज भी यहाँ के जनजाति समाज में प्रकृति पूजा एवं औषधि विज्ञान के रूप में मौखिक रूप से संरक्षित है।

मुझे कुछ समय पहले ही यह ज्ञात हुआ कि बाँसवाड़ा में 'नागर ब्राह्मण' समाज में आज भी ऋग्वेद की शांखायन शाखा की ऋचाओं के स्व-स्वर गान

करनेवाले ज्ञाता मौजूद हैं। मुझे लगता है कि पूरे भारतवर्ष में कदाचित् यहीं यह परंपरा विद्यमान है। शांखायनी शाखा के संरक्षण एवं सामवेद के मंत्रों के गायन की परंपरा को पुर्नभव करने में वेद-विद्यापीठों की स्थापना की जानी चाहिए। इसी से हम भारत की गौरवमयी परंपरा को अक्षुण्ण रख सकेंगे, बल्कि इसी से आदिवासी समाज की संस्कृति की जड़ों को भी हम सींच सकते हैं। बागड़ कांठल में गोविंद गुरु जनजातीय विश्वविद्यालय ने इस संबंध में पहल की भी है, परंतु जरूरत इस बात की भी है कि वेद की आदिवासी संस्कृति को बचाने के लिए और भी स्तरों पर निरंतर प्रयास हों। बहुत सी भाषाएँ इसलिए लोप होती चली गई हैं, क्योंकि उनका संरक्षण नहीं हुआ। इसी तरह मुझे इस बात की भी चिंता है कि सामवेद के मंत्रों के गायन की परंपरा आदिवासी क्षेत्रों में आज भी है, परंतु उनको यदि संरक्षित नहीं किया गया तो आनेवाली पीढ़ी हमें कभी माफ नहीं करेगी। इस संबंध में डिजिटल माध्यम से इस परंपरा को सहेजने की भी पहल होनी चाहिए।

□

जीवन को संस्कारित करती भगवद्गीता

श्रीमद्भगवद्गीता को मैं सभी ग्रंथों का सार मानता हूँ। यह धर्मग्रंथ ही नहीं है, जीवन जीने की वह कला है, जिस पर चलकर जीवन को सार्थक किया जा सकता है। असल में जीवन जीने का कौशल मंत्र है भगवद्गीता। निष्काम कर्म की प्रेरणा कहीं है तो वह गीता में है। इसके श्लोकों और महात्म्य में जाएँगे तो यह भी पता चलेगा कि जीवन के आचार-विचार का ज्ञान ही गीता में नहीं है, बल्कि जीवन कैसे बेहतर ढंग से जिया जाए, इसकी सीख भी यह देती है।

लोकमान्य बाल गंगाधर तिलक ने कभी 'गीतारहस्य' की रचना की थी। यह सोचकर ही आश्चर्य होता है कि उन्होंने मात्र पाँच महीने में पेंसिल से इसे लिख डाला था। यह वह दौर था, जब अंग्रेज राज था और उनके किए हरेक कार्य पर नजर रखी जा रही थी। उन्हें लगता था कि ब्रिटिश हुकूमत उनके लिखे को जब्त न कर ले। पर उन्हें अपनी याददाश्त पर बहुत भरोसा था। गीता से संबंधित अपने अनुभवों को उन्होंने मन में सँजो लिया और फिर उसे अपनी याद से ही लिख डाला था। भगवद्गीता ऐसी ही है, मन से यदि उसका पारायण किया जाए तो रटने की जरूरत नहीं रहती। मैंने तिलक की 'गीतारहस्य' पढ़ी है और जितनी बार भी पढ़ा, लगा कि नया कुछ और पढ़ रहा हूँ। अच्छे लिखे की यही विशेषता होती है, वह बार-बार आपको पढ़ने के लिए प्रेरित करती है।

भगवद्गीता में 18 अध्याय और 700 श्लोक हैं। भारतीय संस्कृति में इस पावन ग्रंथ को प्रस्थानत्रयी में लिया जाता है। यानी इसमें उपनिषद् भी हैं और ब्रह्मसूत्र भी हैं। इसलिए मैं यह भी मानता हूँ कि भगवद्गीता महाभारत का अंश भर ही नहीं है, बल्कि भगवान् श्रीकृष्ण के संदेश में निहित उपनिषद् और धर्मसूत्रों का एक प्रकार से सार है। जिसने उपनिषद् और धर्मसूत्र नहीं पढ़े, वह यदि गीता

का पारायण कर लेता है, समझ लीजिए कि तत्त्वज्ञान के गहरे रहस्यों से स्वयमेव भी साक्षात्कार कर लेता है। वेदों के ब्रह्मवाद और उपनिषदों के अध्यात्म, ये दोनों गीता में निहित हैं।

भारतीय दर्शन से विचार करता हूँ तो मुझे भगवद्गीता से बड़ा कोई भाष्य नजर नहीं आता। संस्कृत साहित्य परंपरा में ऐसे ग्रंथों को भाष्य कहते हैं, जो व्याख्या योग्य हों। गीता की जितनी भी, जितने भी ढंग से व्याख्या की जाए, यह और अधिक नवीन जान पड़ती है। यह ऐसा भाष्य है, जिसमें ज्ञान योग, बुद्धि योग, कर्म योग, भक्ति योग आदि के उपदेशों की सूक्ष्म दृष्टि ही नहीं है, बल्कि मन को नियंत्रित करने का अद्भुत मंत्र छुपा हुआ है। क्रोध कितना नुकसानदायक है, इस पर गीता में कितनी सुंदर व्यंजना है कि ऐसा करते व्यक्ति भ्रमित हो जाता है। उसके भले-बुरे का बोध खत्म हो जाता है। इसलिए जब ऐसा हो तो शांत रहें। ऐसे ही मन विचलित हो तो गीता के श्लोक भीतर की शांति के लिए प्रेरित करते हैं। मैंने इसे निरंतर अनुभूत किया है।

राष्ट्रपिता महात्मा गांधी ने गीता के संबंध में कहा, 'मुझे बार-बार स्मरण होता है।' उन्होंने 'यंग इंडिया' में गीता से जुड़े अनुभवों में कहा है, 'जब-जब हताशा और निराशा के अंधकार में घिर जाता हूँ, अकेला तथा असहाय हो जाता हूँ और प्रकाश की एक भी किरण नहीं देख पाता हूँ तब मैं भगवद्गीता की शरण में जाता हूँ। उसे उलट-पलटकर एक श्लोक यहाँ, एक श्लोक वहाँ पढ़ता हूँ और गहन दुःखों के क्षणों में भी मुसकराने लगता हूँ।' मुझे भी यही लगता है कि गीता का पारायण मन को मोह के बंधनों से मुक्त करता है।

महाभारत में भगवान् श्रीकृष्ण ने गीता का संदेश अर्जुन को सुनाया था। महाभारत के भीष्म पर्व में दिया गया यह महान् भाष्य एकेश्वरवाद, कर्म योग, ज्ञान योग, भक्ति योग की सुंदर व्यंजना है। जितनी बार भी पढ़ेंगे, मन करेगा कि उसे गुनें और गुनते ही रहें। कह नहीं सकता कि भगवद्गीता से मेरा जुड़ाव कब हुआ। यह शायद बचपन के संस्कार ही थे कि गीता का पारायण प्रारंभ कर दिया था। मुझे संपूर्ण गीता अपने श्लोकों में प्रकाशपुंज-सी लगती है। गीता के अध्याय दो के 50वें श्लोक में भगवान् श्रीकृष्ण कहते हैं—'योगः कर्मसु कौशलम्'। यानी कर्म में कुशलता या गुणवत्ता ही योग है। प्रबंधन का यह सूत्र और किसी भी

धार्मिक ग्रंथ में नहीं मिलेगा। इस दृष्टि से गीता जीवन को संस्कारित करने का एक तरह से पाठ है। गीता का बहुश्रुत श्लोक है—

कर्मण्येवाधिकारस्ते मा फलेषु कदाचन।
मा कर्मफलहेतुर्भुर्मा ते संगोऽस्त्वकर्मणि॥

अर्थात् कर्म करने में ही तेरा अधिकार है, उसके फलों में नहीं। इसलिए हे प्राणी, तू फल की दृष्टि से कर्म मत कर और न ही ऐसा सोच कि फल की आशा के बिना कर्म क्यों करें। यह श्लोक जब-जब मेरे मन में कौंधता है, जीवन-पथ जैसे आलोकित हो उठता है। मुझे लगता है कि इस श्लोक को अगर गहराई से समझ लिया जाए तो यह जीवन अधिक सुगम और सरल हो सकता है। तटस्थ भाव से कर्म करने और अपने कर्म को ही पुरस्कार मानने का जो महान् संदेश गीता में है, वह विश्व के और किसी भी ग्रंथ में नहीं है।

□

शौर्य–शक्ति की सांस्कृतिक गाथाएँ सुनाता प्रदेश

शताब्दियों से अमर शौर्य और अप्रतिम शक्ति के मूर्तिमान रूप में जिस भूभाग और अमर सांस्कृतिक चेतना का नाम लिया जाता है, वह है राजस्थान। इंग्लैंड के विख्यात कवि किप्लिंग का मानना था कि दुनिया में यदि कोई ऐसा स्थान है, जहाँ वीरों की हड्डियाँ मार्ग की धूल बनी हैं तो वह राजस्थान है। यह हमारे इतिहास की सच्चाई है। देश के लिए सर्वस्व न्योछावर करने की परंपरा आज भी राजस्थान में कायम है।

30 मार्च, 1949 को जोधपुर, जयपुर, जैसलमेर और बीकानेर रियासतों का विलय कराकर वृहत्तर राजस्थान संघ बनाया गया था। तब से आज तक यह दिन राजस्थान की स्थापना के रूप में राजस्थान दिवस के तौर पर मनाया जाता है। राजस्थान, भारत का न केवल सबसे विस्तृत भौगोलिक राज्य है, बल्कि सबसे खूबसूरत राज्यों में से भी एक है। यहाँ की संस्कृति दुनिया भर में मशहूर है।

राजस्थान की बहुआयामी संस्कृति के निर्माण में विभिन्न समुदायों और शासकों का गहरा योगदान रहा है। इसी विविधता के कारण राजस्थान का नाम आते ही हमारी आँखों के आगे बड़े–बड़े महल और किले, थार रेगिस्तान, ऊँट की सवारी, घूमर, कालबेलिया नृत्य और रंग-बिरंगे पारंपरिक परिधान आने लगते हैं।

वीर–तो–वीर, यहाँ की वीरांगनाएँ भी अपनी माटी के लिए कुरबानी देने में नहीं झिझकीं। इतिहास गवाह है कि यहाँ शौर्य और साहस ही नहीं, बल्कि हमारी धरती के सपूतों ने हर क्षेत्र में कमाल दिखाकर देश–दुनिया में राजस्थान

के नाम को चाँद–तारों–सा चमका दिया। राजस्थान की धरती पर रणबाँकुरों ने जन्म लिया है। यहाँ वीरांगनाओं ने भी अपने त्याग और बलिदान से मातृभूमि को सींचा है। यहाँ धरती के वीर योद्धा कहे जानेवाले पृथ्वीराज चौहान ने जन्म लिया, जिन्होंने तराइन के प्रथम युद्ध में मुहम्मद गौरी को पराजित किया। कहा जाता है कि गौरी ने 18 बार पृथ्वीराज पर आक्रमण किया था, जिसमें 17 बार उसे पराजय का सामना करना पड़ा था। जोधपुर के राजा जसवंत सिंह के 12 साल के पुत्र पृथ्वी ने तो हाथों से औरंगजेब के खूँखार भूखे जंगली शेर का जबड़ा फाड़ डाला था। राणा सांगा ने सौ से भी ज्यादा युद्ध लड़कर साहस का परिचय दिया था। पन्ना धाय के बलिदान के साथ बुलंदा (पाली) के ठाकुर मोहकम सिंह की रानी बाघेली का बलिदान भी अमर है। जोधपुर के राजकुमार अजीत सिंह को औरंगजेब से बचाने के लिए वे उन्हें अपनी नवजात राजकुमारी की जगह छुपाकर लाई थीं।

राजस्थान अपनी आन, बान, शान, शौर्य, साहस, कुरबानी, त्याग, बलिदान तथा वीरता के लिए संपूर्ण विश्व में ख्यात है। राजस्थान के लोग अपनी मेहनत के लिए जाने जाते हैं। भौगोलिक विषमताओं और प्राकृतिक चुनौतियों के बावजूद यहाँ के नागरिकों की दृढ़ इच्छाशक्ति और आपसी सहयोग से प्रदेश का चहुँमुखी विकास हो सका है। राजस्थान में गरीब लोगों की सामाजिक, आर्थिक स्थिति में सुधार, यहाँ के संसाधनों में वृद्धि के साथ राजनीति, व्यवसाय आदि सभी क्षेत्रों में विकास ही हमारी खुशहाली का प्रतीक है।

कला–संस्कृति, पर्यटन, व्यापार, खेल और खेती सभी क्षेत्रों में देश में सबसे आगे हैं राजस्थानी। राजस्थान देश का सबसे बड़ा राज्य है। राज्य का क्षेत्रफल 3.42 लाख किलोमीटर है। यह देश के कुल क्षेत्रफल का 10.41 प्रतिशत है। राजस्थान की जनसंख्या 6.86 करोड़ है और साक्षरता की दर 66.1 प्रतिशत है। राजस्थान रेतीला, बंजर, पर्वतीय और उपजाऊ कच्छारी मिट्टी से मिलकर बना है। वर्तमान में राजस्थान में सात संभाग, 33 जिले, 295 पंचायत समितियाँ, 9 हजार 891 ग्राम पंचायतें, 43 हजार 264 आबाद गाँव, 184 शहरी निकाय और नगरीय क्षेत्र हैं। यहाँ विधानसभा के 200 और लोकसभा के 25 क्षेत्र हैं।

राज्य की अर्थव्यवस्था कृषि एवं उद्योगों पर आधारित है। कृषि और पशु पालन यहाँ के निवासियों के मुख्य रोजगार हैं। आजादी के बाद इस प्रदेश ने निश्चय ही प्रगति और विकास की ऊँचाइयों को छुआ है। वर्षा की अनियमितता के कारण यह प्रदेश अनेक बार सूखे और अकाल का शिकार हुआ, मगर प्रदेशवासियों ने विपरीत परिस्थितियों में भी जीना सीखा और अपने बुलंद हौसले को बनाए रखा।

यह सही है कि हमने हर क्षेत्र में प्रगति हासिल की है। स्कूलों की संख्या बढ़ी है। छात्रों का नामांकन भी बढ़ा है। राशन सस्ता हुआ है। विद्युत् के क्षेत्र में भी हम आगे बढ़े हैं। विद्युत् क्षमता में भी बढ़ोतरी हुई है। गाँव-गाँव और घर-घर बिजली की रोशनी से प्रज्वलित हुए हैं। सड़कों का जाल चहुँओर देखने को मिल रहा है। गाँवों को मुख्य सड़कों से जोड़ा गया है। पेयजल के क्षेत्र में अच्छी-खासी प्रगति हुई है। गाँव-गाँव में पानी पहुँचाया गया है। लेकिन अभी हमें मेहनत से आगे बढ़ना है। राजस्थान में विकास को निरंतर गति देनी है।

राजस्थान पुरातन कलात्मक और सांस्कृतिक परंपराओं का केंद्र है। इसके नाम का तात्पर्य है—राजभूमि यानी सत्य, शौर्य और शूरवीरता की भूमि। सम्राट् पृथ्वीराज चौहान, महाराणा प्रताप और महाराजा सूरजमल के अप्रतिम शौर्य की भूमि। राजस्थान में भक्ति के चिर-प्रतिमान मीरा, धन्ना, दादू और रामचरण-रामस्नेही जैसे भक्त और साधक हुए हैं। भीनमाल में संस्कृत के शिखर महाकवि माघ हुए, वहीं हिंदी और राजस्थानी भाषा को शिखर तक ले जानेवाले अनेक विद्वानों ने इस धरा को धन्य किया है।

राजस्थान ने भारतीय कला में अपना योगदान दिया है। यहाँ साहित्यिक परंपरा मौजूद है। चंदबरदाई का काव्य 'पृथ्वीराज रासो' उल्लेखनीय है, जिसकी प्रारंभिक हस्तलिपि 12वीं शताब्दी की है। मनोरंजन का लोकप्रिय माध्यम खयाल है, जो एक नृत्य-नाटिका है और जिसके काव्य की विषय-वस्तु उत्सव, इतिहास या प्रणय प्रसंगों पर आधारित है। राजस्थान में प्राचीन दुर्लभ वस्तुएँ प्रचुर मात्रा में हैं, जिनमें बौद्ध शिलालेख, जैन मंदिर, किले, शानदार रियासती महल, मसजिद व गुंबद शामिल हैं।

राजस्थान मेलों और उत्सवों की रंगीली धरती है। यहाँ की एक कहावत प्रसिद्ध है—सात वार, नौ त्योहार। यहाँ के मेले और पर्व राज्य की संस्कृति के परिचायक हैं। यहाँ लगनेवाले पशु मेले व्यक्ति और पशुओं के बीच की आपसी निर्भरता को दिखाते हैं। राज्य के मेलों में पुष्कर का कार्तिक मेला, परबतसर और नागौर के तेजाजी का मेला और डिग्गी के कल्याणजी का मेला गिना जाता है। यहाँ तीज का लोकपर्व सबसे महत्त्वपूर्ण है। श्रावण माह के इस पर्व के साथ त्योहारों की शृंखला आरंभ होती है, जो गणगौर तक निरंतर चलती है। राजस्थान में मुश्किल से कोई महीना ऐसा जाता होगा, जिसमें धार्मिक उत्सव न हो। सबसे उल्लेखनीय व विशिष्ट उत्सव गणगौर है, जिसमें महादेव व पार्वती की मिट्टी की मूर्तियों की पूजा महिलाओं द्वारा की जाती है। गणगौर माता के विसर्जन की शोभायात्रा देखते ही बनती है।

राजस्थान की यह सबसे बड़ी खासियत है कि यहाँ हिंदू और मुसलमान, दोनों एक-दूसरे के त्योहारों में शामिल होते हैं। इन अवसरों पर उत्साह व उल्लास का बोलबाला रहता है। देश-विदेश से तीर्थयात्री पुष्कर में मुक्ति की खोज में आते हैं, वहीं अजमेर स्थित सूफी अध्यात्मवादी ख्वाजा मुइनुद्दीन चिश्ती की दरगाह दुनिया भर की पवित्रतम दरगाहों में से एक है। उर्स के अवसर पर लाखों श्रद्धालु देश-विदेश से दरगाह पर जियारत करने यहाँ आते हैं। इसी कारण राजस्थान को फेस्टिवल टूरिज्म का प्रमुख केंद्र कहना अतिशयोक्ति नहीं है। पुष्कर मेला तो देश के सबसे बड़े आकर्षणों में से एक है। हर साल लाखों श्रद्धालु पुष्कर आकर पवित्र सरोवर में डुबकी लगाते हैं।

स्वदेशी हो या विदेशी, राजस्थानी संस्कृति हर किसी का मन चुटकियों में मोह लेती है। आखिर किसका मन नहीं करेगा, मनमोहक कालबेलिया नृत्य देखने का? सभ्यता और सुंदरता को एक साथ जोड़ने में राजस्थानी पोशाक के आगे कुछ नहीं टिकता। महिलाओं के लिए पारंपरिक राजस्थानी कपड़े शालीन, सभ्य, सुंदर और आरामदायक होते हैं, वहीं पुरुषों के सिर पर बंधेज की पगड़ी अनूठी होती है।

राजस्थान के वर्तमान परिदृश्य में सनातन संस्कृति की रक्षा का प्रयास हम सबकी जिम्मेदारी है। हर हाथ को काम मिले। हर मानव अपनी अस्मिता

और आत्मसम्मान से जिए। हर स्त्री का सम्मान हो। जब ऐसा वातावरण सृजित होगा, तभी सच्चे मायने में राजस्थान दिवस होगा। इस बार हमें नए संकल्पों के साथ आगे बढ़ना है। प्रदेश में विकास के सपनों को साकार करना है। देशहित के लिए एकजुट रहना है। राजस्थान हमारे देश का अद्भुत प्रदेश है। यहाँ के लोगों ने भारतीय संस्कृति को सँजो रखा है। यहाँ के शहर, कस्बे और गाँव अलग-अलग विशेषताओंवाले हैं। राजस्थानी लोकगीत आत्मा को छू लेते हैं। समूचा राजस्थान भारतीय संस्कृति का प्रतीक प्रतीत होता है। क्षेत्रीय आधार पर आपसी विषमता को दूर करने में यहाँ के मारवाड़ी लोग महत्त्वपूर्ण भूमिका निभा सकते हैं। मारवाड़ियों को अपनी जड़ों को सिंचित करने के लिए आगे आना चाहिए। क्षेत्र के विकास में योगदान देना चाहिए। प्रवासी राजस्थानियों का आर्थिक व्यवस्था को चुस्त-दुरुस्त करने में महत्त्वपूर्ण योगदान रहता है।

राजस्थान जैसे पर्वतीय, मरुस्थलीय और मैदानी क्षेत्र के बहुविविधतावाले राज्य की परिश्रमशीलता, सामर्थ्यता, सौंदर्यता, नैतिकता, त्याग और शक्ति के कारण राजस्थान दुनिया का केंद्रबिंदु रहा है। राजस्थान दिवस मनाने का तात्पर्य केवल यहीं तक सीमित नहीं है कि हम पुरातन इतिहास का ही बखान करें, बल्कि वर्तमान हालातों पर नजर बनाए रखकर राजस्थान को बचाए रखने में अपनी भूमिका का निर्वहन करें। अभी हाल के दिनों में प्रदेश ने कोरोना वायरस से बचाव के लिए एकजुटता, धैर्य और आपसी सद्भाव का जो जज्बा दिखाया, वह बेहद ही सराहनीय और प्रशंसनीय है। प्रदेशवासियों ने कोरोना वायरस से बचाव के लिए मिल-जुलकर प्रयास कर राज्य को निरोग राजस्थान बनाने में बेहतर पहल की है। मैं प्रदेशवासियों की एकता के आगे नतमस्तक हूँ।

समूची दुनिया जब कोरोना जैसी भीषण बीमारियों से जूझ रही है तो ऐसे में हमारा कर्तव्य और दायित्व अधिक बढ़ जाता है कि हम इस अव्यवस्था को सुधारने की भरपूर कोशिश करें। राजस्थान की भूमि भी इस महाव्याधि से अछूती नहीं है। हमारे यहाँ भी कुछ लोग कोरोना से पीड़ित हैं। हमें व्यापक कार्य से इस महारोग को परास्त करना है। जनजागृति फैलानी है और आपसी

समझ बढ़ानी है। राजस्थान प्रदेशवासियों ने कोरोना संकट में एकजुटता दिखाकर मिसाल पेश की है। लोगों की मदद करने के हमारे आह्वान के बाद एक दिन में मुख्यमंत्री सहायता कोष में 21 करोड़ रुपए की राशि जनसमुदाय द्वारा आना, बेहद ही प्रशंसनीय है। इस तरह की एकता और सहयोग की भावना निश्चित रूप से हम सभी को मजबूत कर रही है और कोरोना को हराने में हम सभी सफल होंगे।

□

रेत के धोरों में समाई संस्कृति

दिसंबर 2019 में मैंने राजस्थान के सरहदी जिले जैसमलेर की यात्रा की थी। इस दौरान रेत के धोरों में बसे शहर की विविधतापूर्ण संस्कृति, मरुस्थल में विषम भौगोलिक परिस्थितियों में भी अद्‌भुत जीवटता के साथ रहनेवाले यहाँ के लोगों को निकट से मैंने देखा। जैसलमेर में पहाड़ी पर निर्मित सोनार किले के साथ ही करोड़ों वर्ष पूर्व के वुड फॉसिल्स देखना मेरे लिए किसी रोमांच से कम नहीं था। जैसलमेर के खाबा गाँव और रेगिस्तान में बने ताल-तलैया और लोक में रची-बसी अनूठी संस्कृति को निकट से अनुभव करते हुए मैंने अपने आलेख में उसे सँजोया है। इस दौरान मैंने अपनी डायरी में जो कुछ देखा, उसे लिखा। इसी में से कुछ अंश यहाँ दिए गए हैं।

रेत के धोरों में बसा राजस्थान का जैसलमेर अद्‌भुत शहर है। पाकिस्तान सीमा के पास के इस शहर की बड़ी विशेषता यह भी है कि यहाँ सोनार किला है। जैसलमेर के किले को सत्यजित रे ने यही नाम दिया था। सत्यजित रे ने 'सोनार केल्ला' 1974 में बनाई। इसके जरिए उन्होंने बंगाल को राजस्थान से एक तरह से जोड़ा है। 'सोनार केल्ला' की कहानी एक बच्चे मुकुल के पुनर्जन्म की कहानी है जिसे राजस्थान की अपने पिछले जन्म की कुछ यादें, महल, छिपा खजाना, युद्ध और सोने के किले की यादें परेशान करती हैं। कहानी के किरदार मुकुल का जैसलमेर में दिखाया गया घर और दूसरे दृश्य आज भी याद किए जाते हैं। इसके बाद सोनार यानी सोने का किला। पहाड़ पर शिल्प स्थापत्य का अनुपम उदाहरण

है यह मरुस्थल का दुर्ग। पर जैसलमेर में और भी आकर्षण हैं। यहाँ आकर करोड़ों वर्ष पूर्व के पेड़-पौधों के पाषाणी स्वरूप में रूपांतर को भी गहरे से अनुभूत किया। यहाँ का वुड फॉसिल पार्क संसार की महत्त्वपूर्ण भृगु भौगोलिक घटना है। दुनिया के विभिन्न हिस्सों में इन जीवाश्मों पर खूब अध्ययन व शोध होते रहे हैं। विश्व के कई देशों में इन जीवाश्मों के स्थलों को चिह्नित करने के साथ ही जीवाश्मों के संग्रहालय व पार्क भी स्थापित हैं।

जैसलमेर जिले के आकल में स्थापित वुड फॉसिल पार्क को दुनिया भर का अचरज कहा जा सकता है। दुनिया में कई और स्थानों पर भी ऐसे पार्क हैं, परंतु भारतवर्ष के पश्चिम में राजस्थान के सरहदी व मरुस्थलीय इलाके जैसलमेर का यह पार्क प्राचीनतम जीवाश्मों के लिए प्रसिद्ध है। यहाँ विश्व के विभिन्न देशों के वैज्ञानिकों व शोधार्थियों की भीड़ भी सदा लगती रहती है। मैंने इसके बारे में बहुत-कुछ पढ़ा तो यह भी पता चला कि किसी समय यह पूरा क्षेत्र समुद्री क्षेत्र रहा। बाद में यह शुष्क रेतीले मरुस्थल में तब्दील होता चला गया। आज पश्चिमी राजस्थान का यह जैसलमेर जिला प्राचीनतम जीवाश्मों व मेमोरियल फॉसिल की उपलब्धता का बड़ा केंद्र है।

यहाँ मैंने करोड़ों वर्ष पूर्व के जीवाश्मों का अद्‌भुत लोक देखा। जिला मुख्यालय से बाड़मेर मुख्य मार्ग पर 18 किलोमीटर दूर आकल का वुड फॉसिल पार्क पूरी दुनिया में अद्वितीय है। इसकी आयु 18 करोड़ वर्ष आँकी गई है। जबकि इसी तरह अमेरिका में भी फॉसिल हैं, जिनकी आयु 12 करोड़ वर्ष मानी जाती है। इस दृष्टि से आकल का यह फॉसिल विश्व भर में संभवत: सबसे पुराना है। कुल 108 हेक्टेयर क्षेत्र में पसरे हुए इस रेतीले मैदानी व पहाड़ी पार्क में विभिन्न स्थानों पर प्राचीनतम वुड फॉसिल संरक्षित व प्रदर्शित हैं। लगभग 18 करोड़ वर्ष पूर्व पश्चिमी राजस्थान का यह पूरा क्षेत्र अत्यंत नम उष्ण जलवायुवाला था, जहाँ घने वन थे, जिनमें ऊँचे-ऊँचे वृक्षों की बहुतायत थी।

यहाँ इस पार्क में आकर मैंने भाँति-भाँति की आकृतियों के जीवाश्म देख अनुभव किया, वृक्ष जीवाश्म के रूप में परिवर्तित होते गए हैं। कालांतर में भौगोलिक गतिविधियों व भृगु भौगोलिक परिवर्तनों से फिर पृथ्वी की सतह पर दिखाई देने लगे। आकल का वुड फॉसिल पार्क भी ऐसा ही महत्त्वपूर्ण स्थल है।

सामान्यतया हरी-भरी वनस्पति व जीवों के मरते ही इनका धीरे-धीरे क्षरण होने लगता है तथा अंत में पूर्णत: यह नष्ट हो जाते हैं और इनका अस्तित्व समाप्त हो जाता है। लेकिन दूसरी परिस्थिति में इनका आरंभ होने से पहले ही यदि ये अचानक मिट्टी की परत में किसी सागर या झील के तल में दब जाते हैं, तब इनका क्षरण रुक जाता है। इनके कठोर भाग जैसे तना, बीज, फल इत्यादि धीरे-धीरे पत्थर में बदल जाते हैं। धीरे-धीरे होनेवाली इस क्रिया में सदियाँ लग जाती हैं तथा इनके मूल ऑर्गेनिक, पाषाणी ऑर्गेनिक पदार्थों में रूपांतरित हो जाते हैं। मंथन गति से होनेवाली रूपांतरण ही यह प्रक्रिया इतनी घनीभूत होती है कि वृक्ष की संरचना करनेवाली सूक्ष्म कोशिका तक का पाषाणी स्वरूप में रूपांतरण हो जाता है। इस प्रक्रिया को जीवाश्म तथा रूपांतरित पदार्थ को जीवाश्म (फॉसिल) कहते हैं। इन वुड फॉसिल का वैज्ञानिक रीति से अध्ययन कर इनकी आयु, उस समय की वनस्पति, तत्कालीन जलवायु व पारिस्थितिकी आदि की जानकारी पाई जाती है।

पौधों की कोशिकाएँ इन परतों के दबाव में सिलिका व अन्य खनिज तत्त्वों में बदल जाती हैं। पौधे के वास्तविक ऑर्गेनिक भाग इसके मूल तत्त्वों का रूप ले लेते हैं और तब पौधे के विभिन्न हिस्सों में व्याप्त खनिज तत्त्व इसके ऊतकों को अलग-अलग रंग प्रदान कर देते हैं। इन वुड फॉसिल में लाल, भूरे व पीले रंग का प्रभाव इसलिए दिखता है कि इन जीवाश्मों में मामूली मात्रा में तरह-तरह के खनिज तत्त्व, खासकर कैल्सियम व मैग्नीशियम होते हैं।

आकल का क्षेत्र तथा इसमें पाए गए वुड फॉसिल इस बात का संकेत करते हैं कि यहाँ उस जमाने में 180 लाख वर्ष पूर्व घने वनों के जीवाश्मीकरण की प्रक्रिया शुरू हुई। यह भी माना गया है कि उस समय इस पूरे भृगु भीर्य क्षेत्र में अपुष्पीय पादपों जैसे चीड़, देवदार व रेडवुड्स आदि की बहुतायत थी, जिन्हें मासिक आयु में अंकित किया गया है। ये वृक्ष खड़ी अवस्था में ही जीवाश्म में तब्दील हो गए, जो इतने वर्षों के भौगोलिक परिवर्तनों के बाद अब रेतीली सतह पर दर्शित हुए हैं। पूरे क्षेत्र में इसी प्रकार के वुड फॉसिल इधर-उधर छितराए हुए विद्यमान हैं।

रेगिस्तानी धरती पर उपलब्ध वुड फॉसिल से उस समय फलों के अस्तित्व

का भी पता चला है। आकल के इस वुड फॉसिल पार्क में 18 वुड फॉसिल अच्छी तरह सतह पर विद्यमान हैं, जिन्हें सुरक्षित तरीके से प्रदर्शित किया गया है। सबसे लंबा वुड फॉसिल 13 मीटर लंबा और एक मीटर घेरेवाला है। इस क्षेत्र में भूमि के अंदर इसी प्रकार के कई वुड फॉसिल दबे हुए हैं। इसी प्रकार के वुड फॉसिल जैसलमेर जिले के अन्य क्षेत्रों में भी पाए जाते हैं। आकल वुड फॉसिल पार्क का पूरा क्षेत्र प्रकृति के प्राचीनतम आश्चर्य के रूप में संरक्षित है। पहले कुछ वर्ष तक यह भारतीय पुरातत्त्व सर्वेक्षण विभाग के अधीन था, लेकिन सन् 1979 में इसे राजस्थान सरकार के वन विभाग ने अपने अधिकार क्षेत्र में ले लिया। इस समय यह पार्क वन विभाग के अधीन संचालित डेजर्ट नेशनल पार्क का हिस्सा है।

आकल वुड फॉसिल पुरातत्त्व जीवाश्मों के संग्रहालय के रूप में देश और दुनिया में प्रसिद्ध है। जहाँ दुनिया भर से शोध-अध्ययन के लिए जिज्ञासु और कई सैलानी यहाँ आते रहते हैं। यह पार्क सप्ताह के सातों दिन खुला रहता है। वर्ष में एक मार्च से 31 अक्तूबर तक प्रात: 8 से दोपहर 1 बजे तक तथा अपराह्न 3 से सायं 6 बजे तक और 1 नवंबर से 28 फरवरी तक की अवधि में प्रात: 8 बजे से दोपहर 1 बजे तक तथा दोपहर 2 बजे से सायं 5 बजे तक खुला रहता है।

मानव श्रम की कीर्ति पताका—खाबा

जैसलमेर पश्चिमी राजस्थान का सरहदी जिला है। यह संस्कृतियों का अनूठा संगम स्थल रहा है। पुराने जमाने में विभिन्न देशों की व्यापारिक गतिविधियों का केंद्र होने की वजह से यह सहज सुरक्षित, बेहतर कारोबारी मार्ग व मंडी दोनों के लिहाज से मशहूर था। देशी-वेदेशी कारोबारियों की निरंतर आवाजाही की वजह से यहाँ के जीवन में कई नई संस्कृतियों का समावेश होता चला गया, जिनके कारण रेगिस्तानी धरा होने के बावजूद जैसे इंद्रधनुषी परंपराओं का सरस केंद्र बना रहा।

मरुप्रदेश में तेरहवीं शताब्दी के अंतिम दो दशकों से लेकर उन्नीसवीं शताब्दी के आरंभिक ढाई दशक तक यहाँ लोकजीवन की धाराओं में पालीवाल

ब्राह्मणों का प्रभुत्व रहा। इन्होंने अपनी मेहनत व समर्पण के बल पर जैसलमेर जिले में 84 गाँवों को बसाया। रेगिस्तान में विश्वकर्मा की तरह इन पालीवालों ने नई सृष्टि रच डाली, जिसमें आदर्श ग्राम्य जीवन की तमाम सुख-सुविधाएँ उपलब्ध थीं। यही नहीं, कृषि, व्यापार व पशुपालन ने इन गाँवों में प्रगति का परचम लहरा दिया। मरुधरा के जनजीवन के लिए वह काल किसी स्वर्ण युग से कम नहीं था।

पालीवालों के इन्हीं गाँवों में से एक बड़ा गाँव है खाबा। जैसलमेर जिला मुख्यालय से 25 किलोमीटर दूर खाबा भी उन गाँवों में से एक बड़ा गाँव है, जो पालीवालों द्वारा परित्यक्त हैं। अपने जमाने में भव्य नगर तथा प्रमुख कारोबारी केंद्र रहे खाबा में नौ सदियों पूर्व पालीवालों द्वारा बसाई गई बस्तियाँ परित्यक्त होने के बाद अब खँडहरों की शक्ल लें चुकी हैं। बहुत बड़े क्षेत्र में फैले इनके अवशेष प्रकट करते हैं कि यह कितना उन्नत और समृद्ध रहा होगा। मानव श्रम की कीर्ति पताका फहरानेवाले सैकड़ों भवन आज भी बीते युग की यादों को ताजा कर देते हैं। मीलों दूर से नजर आनेवाला, पहाड़ी पर अवस्थित खाबा दुर्ग देशी-विदेशी पर्यटकों के आकर्षण का केंद्र है। रेतीले मखमली धोरों पर कैमल सफारी और सुरमई साँझ का आनंद लेनेवाले सैलानी कुलधरा व खाबा की झलक पाना नहीं भूलते।

कुलधरा की ही तरह खाबा ग्राम उस जमाने की अंतरराष्ट्रीय प्रसिद्धि-प्राप्त कारोबारी मंडी था। इस गाँव की स्थापना हरलाल गौत्री पालीवाल ब्राह्मण के हाथों हुई। पालीवालों के स्वर्ण दुर्ग के समय खामा में कई मुल्कों के व्यापारियों का जमघट लगा रहता था। उस जमाने में दशहरा उत्सव पर खामा दुर्ग में सभी पालीवालों को समागम होता था व विशाल पैमाने पर उत्सव मनाया जाता था। यहाँ दुर्ग के पास ही महिषासुर का प्राचीन मंदिर है, जो श्रद्धा का केंद्र है।

खाबा का दुर्ग पुरातन राजप्रासादों के शिल्प स्थापत्य को ही नहीं, बल्कि प्राचीन सभ्यता व संस्कृति का दिग्दर्शन भी कराता है। जीर्णोद्धार व नवीन स्वरूप पाने के बाद खाबा दुर्ग पर्यटकों की जिज्ञासा व आकर्षण का केंद्र बन गया है। खामा दुर्ग के विभिन्न परिसरों में बहुआयामी संग्रह स्थापित है।

दुर्ग के एक भाग में सांस्कृतिक संग्रहालय है, जिसमें पुरातन पालीवाल

सभ्यता व संस्कृति की झाँकी दरशाई गई है। इसमें उस युग में आम जनजीवन के लिए उपयोगी सामग्री, विभिन्न उपकरण, बरतन आदि वस्तुएँ हैं, जिनकी कलात्मक बनावट अलग ही है। इनके अलावा, इस संग्रहालय में जनजीवन और पालीवाल इतिहास को फोटो के सुंदर समावेश से प्रदर्शित किया गया है। खाबा दुर्ग और इसके संग्रहालय तथा दूर-दराज तक फैली बस्तियों के खँडहरों से तत्कालीन नगरीय व ग्राम्य वैभव तथा सुकूनदायी जीवन की सुनहरी कल्पना सहज ही की जा सकती है।

सोनार किले का अनूठा सौंदर्य सँजोए शहर

सोनार किला जैसलेमर का प्रमुख आकर्षण है। पहाड़ी पर लंगर डाले जहाज की भाँति यह किला दूर से ही इस कदर लुभाता है कि मन करता है, रेत के मध्य बसे इस किले को बस निहारें। निहारते ही रहें। प्रकृति के अनुपम उपहारों, नैसर्गिक सौंदर्य और सुरम्य भौगोलिक सृष्टि के इस अलौकिक व अद्‌भुत सुनहरे परिवेश में सजा यह किला भारत की अनूठी धरोहर है। यूनेस्को ने इसीलिए शायद इसे विश्व धरोहर में सम्मिलित किया है।

मुझे कहीं पढ़ा हुआ याद आया कि लता मंगेशकर ने कभी इसे 'रेत का गुलाब' की संज्ञा दी थी। लता सुर कोकिला हैं, स्वाभाविक ही है कि उन्होंने रेत के धोरों में संगीत को अनुभूत करते ही पाषाणों के शिल्प स्थापत्य को रेत का गुलाब कहा। मैंने इसे देखा और बस देखता ही रह गया।

मानव सभ्यता के क्रमिक विकास के साथ ही विश्व भर की सभ्यताओं और संस्कृतियों ने मिलकर जो नया संसार रचा है, उसमें मानव श्रम एवं कल्पनाओं के जीवंत रूप हैं। पिछली सदियों में दुनिया भर की ही तरह भारत वर्ष में शिल्प स्थापत्य वास्तु की विलक्षणताओं से परिपूर्ण नगरों, दुर्गों, राजप्रासादों और देवालयों आदि की स्थापना हुई। सदियों बाद भी ये पुरा धरोहरें न सिर्फ अपने देशवासियों, वरन् विदेशियों के आकर्षण एवं शोध-अध्ययन व दर्शन का केंद्र बनी हुई हैं।

राजस्थान की पश्चिमी सरहद पर पसरे मरुस्थल के बीच अवस्थित जग प्रसिद्ध सोनार दुर्ग की महिमा इस रूप में भी अनूठी है कि यह पश्चिमी राजस्थान

की कला-संस्कृति, शौर्य-पराक्रम और वीरता का अनुपम उदाहरण है। इतिहास, दैवीय ऊर्जाओं और अध्यात्म से लेकर मरुस्थलीय जीवन के संपूर्ण वैशिष्ट्य के हर पहलू और परिवेश के सुनहरे बिंबों से साक्षात् कराता है—सोनार दुर्ग। भारत ही नहीं, दुनियावालों के लिए सोनार का किला सदियों से आकर्षण का केंद्र रहा है। तभी तो सात समंदर पार से हजारों मील का सफर तय कर इसके कद्रदान जैसलमेर की वादियों में अपने आप को पाकर दिली सुकून महसूस करते हैं।

बीसवीं सदी के आरंभ तक जैसलमेर वैश्विक व्यापार मानचित्र पर बड़ी कारोबारी मंडी के रूप में प्रसिद्ध था। अफगानिस्तान, सिंध, ईरान, इराक, चीन, रूस तथा यूरोपीय देशों से मूल्यवान वस्तुओं के आयात-निर्यात व व्यापार का यही सहज व सुलभ रेगिस्तानी मार्ग था, जहाँ ऊँटों का कारोबार होता था। हीरे-जवाहरातों, इत्र, स्वर्ण और अन्य बेशकीमती वस्तुओं के व्यापार का साक्षी व केंद्र रहा है जैसलमेर का यह दुर्ग। देशी-विदेशी सभ्यताओं, संस्कृतियों, शौर्य-पराक्रम की कीर्तिगाथाओं तथा मानवीय आवाजाही के केंद्र रहे इस इलाके ने स्वर्ण युग को जीवंत रखा। इन्हीं विलक्षणताओं का परिणाम है कि जैसलमेर में ताजगी, सौंदर्य और उल्लास की त्रिवेणी हर युग में अपने पूरे वेग से बहती रही है। पुराने जमाने से ही जैसलमेर मरुस्थल में स्वर्ण की आभा बिखेरनेवाला और रेत के महासागर में चमकनेवाला स्वर्ण द्वीप का प्रतीक रहा है।

त्रिकूट पर्वत पर अवस्थित भव्य मनोहारी दुर्ग सैलानियों को अपनी ओर आकर्षित करने की अद्‍भुत क्षमता रखता है। इसके लिए न मीलों की दूरियों का बंधन है और न ही समंदरों का फासला। जो भी एक बार इसके बारे में सुन लेता है, वह इसका साक्षात् दर्शन कर ही संतोष पाता है। आज भी सोनार दुर्ग साल भर देशी-विदेशी सैलानियों की आवभगत में रमा रहता है। त्रिकूट पर्वत पर अवस्थित सोनार दुर्ग पीले पाषाणों से निर्मित है, जिन पर पड़नेवाली पीत सूर्य रश्मियाँ इसे स्वर्ण आभा से मंडित कर देती हैं और दूर से यह स्वर्ण दुर्ग का आभास कराता है, इसलिए इसे 'सोनार दुर्ग' का नाम दिया गया है।

कई टी.वी. सीरियलों, डॉक्यूमेंट्रियों व बॉलीवुड, हॉलीवुड आदि फिल्मों ने सोनार दुर्ग को महिमामंडित किया है। जैसलमेर पौराणिक कथानकों और मिथकों से भी जुड़ा रहा है। लोकमान्यता है कि भगवान् श्रीकृष्ण और पांडवों ने इस

धरा पर विहार कर मरुप्रदेश को धन्य किया है। जनश्रुतियों के अनुसार महाभारत युद्ध के उपरांत वल्ल मंडल विहार करते हुए त्रिकूट पर्वत पर उत्तंग ऋषि की घोर तपस्या को देखा, उनके आश्रम में रुके व ऋषि की इच्छानुसार यह वरदान दिया कि कालांतर में एक समय ऐसा आएगा, जब इस प्यासी धरती की प्यास बुझ जाएगी। मरु गंगा के रूप में आज इंदिरा गांधी नहर का वरदान हम सभी के समक्ष है। एक अन्य जनश्रुति के अनुसार द्वारिका से हस्तिनापुर की यात्रा के दौरान श्रीकृष्ण व अर्जुन इस मरुभूमि पर विश्राम के लिए रुके थे, तभी इस क्षेत्र के भविष्य के बारे में कृष्ण ने अर्जुन को बता दिया था कि इस भूमि का यदुवंशी से गहरा रिश्ता है तथा कलियुग में यदुवंशी राजा ही इस पहाड़ी पर दुर्ग का निर्माण कर यहाँ अपनी राजधानी स्थापित करेंगे।

इसी दौरान अर्जुन के प्यास लगने पर भगवान् श्रीकृष्ण ने इस त्रिकूट पहाड़ी पर सुदर्शन चक्र की सहायता से कुएँ खोदकर मीठे पानी का अखूट स्रोत प्रकट किया। कहीं-कहीं अर्जुन द्वारा बाण से कुआँ खोदने की बात भी कही गई है। ये कुएँ 'जैसलू कुएँ' के नाम से प्रसिद्ध हैं।

कृष्ण युग बीतने पर सदियों बाद मरुस्थल में अपनी राजधानी को असुरक्षित मानकर जैसल नामक यदुवंशी राजा ने जैसलमेर में सुरक्षित स्थान पर अभेद्य दुर्ग निर्माण की ठानी और इसके लिए स्थान तलाशने लगे। उन्हीं दिनों में आकाशवाणी हुई और राजा को संकेत मिला। वह राजपुरोहित तथा विद्वान् ब्राह्मणों को लेकर लोद्रवा से 10 मील पूर्व की ओर इस पहाड़ी पर आया, जहाँ कायाकल्पी सिद्ध तपस्वी बाबा ईसाल अपनी कुटिया में समाधिमग्न थे। जैसेल ने साष्टांग दंडवत् करते हुए वंदना की, तब आचार्य बाबा ईसाल ने राजन का स्वागत किया एवं उनकी जिज्ञासा का समाधान करते हुए त्रिकुट पर्वत को दुर्ग निर्माण के लिए सर्वथा उपयुक्त बताया।

बाबा ईसाल ने द्वापर युग में भगवान् श्रीकृष्ण के इस पहाड़ी पर ठहरने, कुएँ स्थापित करने की बातें बताईं व कुएँ के पास ले जाकर वहाँ अंकित उस भविष्यवाणी शिलालेख को भी दिखाया। जिसका भावार्थ यह है कि जैसेल नामक यदुवंशी राजा यहाँ नया दुर्ग बनाकर इस पहाड़ पर अपनी राजधानी स्थापित करेगा। इन आश्चर्यनक घटनाक्रमों ने जैसल को विस्मित कर दिया। बाबा ईसाल

ने भविष्य के संकेतों से भी जैसल को अवगत करा दिया कि यह दुर्ग शौर्य पराक्रम का इतिहास बनाएगा। ढाई बार यह ध्वस्त होगा। खून की नदियाँ बहेंगी व वीरांगनाओं के जौहर की ज्वालाएँ धधकेंगी। थोड़े समय यह दूसरों के अधीन भी हो जाएगा, लेकिन बाद में पूरी दुनिया में नाम होगा। जैसल ने विक्रम संवत् 2012 में श्रावण शुक्ल द्वादशी को त्रिकूट पर्वत पर खूँटी गाड़ी व दुर्ग का निर्माण किया। इसका नामकरण उसने जैसल व मेरू को मिलाकर जैसलमेर किया। यही जैसलमेर आज देश-दुनिया में प्रसिद्धि के शिखर पर है।

यहीं वॉर म्यूजियम है। इसे बेहतरीन तरीके से व्यवस्थित किया गया है। भारतीय सेना के इतिहास को रेखांकित करनेवाले इस म्यूजियम की अवधारणा ऐतिहासिक है। हमारी भावी पीढ़ियाँ इस गौरवशाली धरोहर से राष्ट्र रक्षा के इतिहास को जान सकेंगी। राष्ट्र की रक्षा के लिए अपने प्राणों को न्योछावर करनेवाले वीर शहीदों को मैं नमन करता हूँ। राष्ट्र सर्वोपरि है। भारत की एकता, अखंडता और सुरक्षा को बनाए रखने के लिए सीमा पर तैनात भारतीय सेना के सैनिकों को मैं सलाम करता हूँ। भारतीय सेना ने देश की सुरक्षा के लिए मजबूत व्यवस्था कर रखी है। मैंने यहाँ सैनिकों से सैन्य अनुभव के बारे में पूछकर उनके अनुभव जाने। जवानों ने अपने जीवन के महत्त्वपूर्ण सैन्य अनुभव, टैंक संचालन और विभिन्न तकनीकी पक्षों के बारे में बताया, खासकर अर्जुन टैंक सहित विभिन्न मोर्चों पर पराक्रम दिखानेवाले सैन्य उपकरण आदि से परिचित कराया और इनके संचालन से जुड़े अनुभवों के खास पहलुओं के बारे में जानकारी दी। □

शिक्षा की संस्कृति

नई शिक्षा नीति और भारत

शिक्षण संस्थाओं की पहचान वहाँ की सुंदर इमारत और सुविधाओं से नहीं होती, बल्कि वहाँ की चिंतन परंपरा से होती है। शिक्षा की समर्थता का पैमाना भारतीय संस्कृति के जीवनमूल्यों से ओत-प्रोत मानव-निर्माण है। आचार्य का अर्थ ही है—विद्यार्थियों में अपने आचरण से ऐसे उदाहरण प्रस्तुत किए जाएँ, जिससे विद्यार्थी संस्कारों की सीख ले सकें।

शिक्षा का उद्देश्य व्यक्ति को गढ़ना है। इसलिए वह केवल औपचारिक नहीं रहे, बल्कि उसका संबंध व्यक्तित्व के निर्माण से भी हो। इसी से विद्यार्थियों में मौलिक सोचने की शक्ति विकसित होती है।

केंद्र सरकार की नई शिक्षा नीति का निर्माण देश भर के 676 जिलों, 6600 विकास खंड, 2.50 लाख ग्राम पंचायतों, शिक्षकों तथा सामान्य व्यक्तियों से विचार-विमर्श करने के पश्चात् किया गया है। स्वतंत्रता के पश्चात् संभवत: यह ऐसी पहली शिक्षा नीति है, जिसमें इतने वृहद स्तर पर लोगों की सहभागिता सुनिश्चित की गई है। महत्त्वपूर्ण यह भी है कि इसमें सह-पाठ्यक्रम और पाठ्येतर गतिविधियों के साथ-साथ व्यावसायिक एवं गैर-व्यावसायिक विषयों की खोज की अनुमति देनेवाली लचीली पद्धति रखी गई है।

मैं यह मानता हूँ कि देश में 34 साल बाद आई नई शिक्षा नीति विद्यार्थियों में राष्ट्रीयता की विचारधारा का पोषण करनेवाली होने के साथ ही देश के दीर्घकालीन विकास में विद्यार्थियों की महती भूमिका तय करनेवाली है। यह पूरी तरह से भारतीय जनमानस की भावनाओं, आकांक्षाओं और अपेक्षाओं की पूर्ति करनेवाली है। इसमें मातृभाषाओं में अध्ययन को प्रोत्साहन देने की जो बात है, उस पर विश्वविद्यालयों को व्यावहारिक रूप में कार्य करने की जरूरत है।

एक महत्त्वपूर्ण बात इस नई शिक्षा नीति की यह भी है कि इसमें विज्ञान, कला, संस्कृति के साथ भारतीय विचारधारा से जुड़े संस्कारों से संबद्ध अध्ययन की स्वतंत्रता दी गई है। मेरा यह मानना है कि शिक्षा में विद्यार्थी की स्वयं की रुचि बेहद महत्त्वपूर्ण होती है। इसी से उसका कालांतर में सर्वांगीण विकास संभव होता है।

नई शिक्षा नीति का मैंने विस्तार से अध्ययन किया है और मुझे लगता है, यह पूरी तरह से विद्यार्थी केंद्रित है। इसमें स्पष्ट उल्लेख है कि न तो किसी भाषा को विद्यार्थी पर थोपा जाएगा और न ही किसी भाषा का विरोध किया जाएगा। मातृभाषा में अध्ययन की बात इसलिए मैं अत्यंत महत्त्वपूर्ण मानता हूँ कि इसी से भारतीय भाषाओं का वास्तविकता में संरक्षण और संवर्धन हो सकेगा।

हम सभी जानते हैं कि बच्चा जिस भाषा में पहले-पहल घर में अपने माता-पिता से संवाद करता है, उसी में बेहतर शिक्षा प्राप्त कर सकता है। यह इसलिए भी महत्त्वपूर्ण है कि इससे विद्यार्थी व्यावहारिक रूप में अपने परिवेश से जुड़ा रहता है और बाद में जो शिक्षा अर्जित करता है, वह जीवन भर उसके काम आती है।

आज जब सर्वांगीण विकास से जुड़ी सोच पर कार्य किया जा रहा है, यह जरूरी है कि विज्ञान एवं तकनीकी तथा विशिष्ट ज्ञान के क्षेत्रों के भी पाठ्यक्रम विश्वविद्यालय अपने यहाँ अंग्रेजी के साथ हिंदी में भी विकसित करें। स्थानीय ज्ञान-विज्ञान से संबंधित शोध एवं अनुसंधान को भी अधिकाधिक मातृभाषाओं में लाने के प्रयास शिक्षण संस्थान करें। इससे हम अपनी परंपरा और संस्कृति के साथ उपलब्ध ज्ञान की धरोहर को भविष्य के लिए भी और अधिक बेहतर ढंग से संरक्षित कर सकेंगे। नई शिक्षा नीति का भी प्रमुख उद्देश्य यही है कि हम विद्यार्थी हित में अपनी धरोहर को संरक्षित करें।

नई शिक्षा नीति में भारतीय कला और सांस्कृतिक विरासत की समझ बढ़ाने पर भी विशेष जोर दिया गया है। विद्यार्थियों के विषय चयन में स्वतंत्रता की बात भी इसमें बेहद महत्त्वपूर्ण है। पहले छात्र अपने मन का विषय नहीं पढ़ पाते थे और उन पर दूसरे विषय पढ़ने का दबाव बना रहता था। लेकिन अब नई शिक्षा नीति में छात्र अपने मनपसंद विषय पढ़ेंगे तो उनमें आत्मविश्वास ही पैदा नहीं

होगा, बल्कि भविष्य में वे स्वयं अपने को समाज के लिए अधिक बेहतर रूप में कुछ देने के योग्य बनेंगे।

विश्वविद्यालयों और उच्च शिक्षण संस्थाओं को चाहिए कि वे अपने यहाँ कला, साहित्य और संस्कृति से जुड़े विषय विशेषज्ञों को बतौर अतिथि व्याख्याता बुलाएँ और उनसे विद्यार्थियों को रूबरू कराएँ। नियमित पाठ्यक्रम को रुचिकर बनाने के लिए कला, साहित्य और संस्कृति से जुड़े आयाम भी उसमें जोड़ें। इसी से शिक्षा व्यापक उद्देश्यों के लिए सार्थकता प्राप्त कर सकेगी। विश्वविद्यालयों को चाहिए कि वे नई शिक्षा नीति की मंशा को समझते हुए अपने यहाँ आधुनिक समय की माँग के अनुरूप इ-पाठ्यक्रम क्षेत्रीय भाषाओं में भी विकसित करें। वर्चुअल लैब विकसित करें और एक राष्ट्रीय शैक्षिक टेक्नोलॉजी फोरम में अपनी अभी से भागीदारी सुनिश्चित करें।

शिक्षा से ही किसी देश का भविष्य तैयार होता है, स्वाभाविक ही है कि इसके लिए शिक्षा में सकल घरेलू उत्पाद का बड़ा हिस्सा होना चाहिए। इस नीति में देश की जी.डी.पी. का छह फीसदी शिक्षा में लगाने का लक्ष्य इसीलिए रखा गया है। उच्च शिक्षा में शोध के स्तर में गुणात्मक वृद्धि भी जरूरी है। नई शिक्षा नीति में मजबूत अनुसंधान संस्कृति हेतु एक शीर्ष निकाय के रूप में नेशनल रिसर्च फाउंडेशन (एन.आर.एफ.) की स्थापना की बात कही गई है। एन.आर.एफ. का मुख्य उद्देश्य विश्वविद्यालयों के माध्यम से शोध की संस्कृति को सक्षम बनाना होगा।

देश में पहली बार ऐसा हुआ है, जब स्वतंत्र रूप से शोध संस्कृति के विकास के लिए इस तरह का प्रावधान शिक्षा नीति में किया गया है। विश्वविद्यालयों को चाहिए कि वे अपने यहाँ नवीनतम शोध और अनुसंधान की ऐसी संस्कृति विकसित करें, जिससे विद्यार्थी बहुत सारी किताबों के संदर्भ से एक पुस्तक तैयार करने की सोच के बजाय अपने स्वयं के अनुभव, अध्ययन से मौलिक स्थापनाओं की ओर प्रवृत्त हों।

□

मानवीय मूल्य आधारित हो तकनीकी शिक्षा

शिक्षा वह सांस्कृतिक प्रक्रिया है, जिसमें कार्य और विचार की नवीन प्रवृत्तियाँ सदा ही विकसित होती हैं। शिक्षा सांस्कृतिक प्रक्रिया है। इसका अर्थ यह है कि शिक्षा में ऐसी पद्धतियों का निरंतर विकास होता है, जिससे मनुष्य के जीवन और स्थितियों में निरंतर सकारात्मक बदलाव आता है। तकनीकी शिक्षा में तकनीक भले ही प्रधान हो, परंतु इस बात को गहराई से समझना होगा कि वह तकनीक का प्रशिक्षण मानवता पर आधारित हो।

हमारे यहाँ कहा गया है—'सा विद्या या विमुक्तये', यानी शिक्षा व्यक्ति को मुक्त करती है। तमाम उन रूढ़ियों से जिनसे मनुष्यता का विकास अवरुद्ध होता है। स्वाभाविक ही है, तकनीक साधन है, साध्य नहीं। मूलत: तकनीकी शिक्षा का भी उद्‍देश्य विज्ञान प्रौद्योगिकी से संबद्ध ज्ञान-विज्ञान के जरिए अच्छा देखने, जो कुछ समाज में अच्छा है, उसे ग्रहण करने के परिप्रेक्ष्य में लिया जाना चाहिए।

ऋग्वेद का बहुश्रुत मंत्र है—'आ नो भद्रा क्रतवो यन्तु विश्वत:', यानी जहाँ से भी जो अच्छा है, मानवता के लिए लाभकारी है, वह चहुँओर से हमारे पास आए। यह सही है, तकनीकी ज्ञान ने भौतिक रूप में हमें बहुत-कुछ दिया है। यंत्रों के प्रयोग ने जीवन में असीमित संभावनाओं के द्वार खोल दिए हैं। लेकिन मानवीय मूल्यों, परंपराओं और आदर्शों की इससे बहुत से स्तरों पर उपेक्षा भी हुई है।

केवल तकनीक के ज्ञान और शिक्षण से अंतत: व्यक्ति एकांगी व संवेदनहीन होते हैं, इसलिए मानवीय मूल्यों का समावेश तकनीकी शिक्षा में अधिक जरूरी है। इस पर अगर तकनीकी शिक्षण संस्थानों में ध्यान दिया जाता है तो न केवल भविष्य के अच्छे इनसान और बेहतर नागरिक बनाए जा सकते हैं, बल्कि सांस्कृतिक रूप में भी हम और अधिक संपन्न हो सकते हैं।

स्वामी विवेकानंदजी ने शिक्षा को जीवन विकास का मंत्र बताया था। उनका मानना था कि सूचना प्राप्त करना, किताबों से सीखना या इच्छाओं पर बलपूर्वक रोक लगाकर यंत्रवत् बना देना, शिक्षा नहीं है। शिक्षा वह है, जो मानव जीवन और चरित्र का निर्माण करती है, इच्छाशक्ति का विकास करती है तथा स्वयं में निहित दिव्यता का साक्षात् कराती है।

अनंत ऊर्जा, असीमित उत्साह और अपरिमित धैर्य का विकास ही शिक्षा का उद्देश्य होना चाहिए। तकनीकी शिक्षा और शिक्षण में स्वामीजी के इस कहे के गहरे निहितार्थ हैं। व्यक्तिगत तौर पर मैं यह मानता हूँ कि तकनीकी शिक्षा में तकनीक का ज्ञान और अनुसंधान का संबंध पुस्तकीय ज्ञान से नहीं है। विद्यार्थी जो कुछ तकनीकी ज्ञान शिक्षण संस्थाओं में प्राप्त करता है, उसको अपनी सोच में किस तरह से लेता है, इस पर ध्यान देने की अधिक जरूरत है। तकनीकी ज्ञान जीवन को नई दृष्टि से देखने की सोच देता है। यह शिक्षा विद्यार्थी के क्षितिज का विस्तार करती है। जीवन में जो कुछ ज्ञान का रहस्य है, उससे शिक्षा परदा उठाती है और अज्ञानता से एक तरह से मुक्त करती है।

मानवीय मूल्यों पर आधारित शिक्षा का समावेश यदि तकनीकी शिक्षा में होता है तो हम वृहद स्तर पर छात्र-छात्राओं में व्याप्त उद्देश्यहीनता से उन्हें बचा सकते हैं। हम उन्हें यांत्रिक ज्ञान के शिक्षण और प्रशिक्षण में जड़वत् होने से रोक सकते हैं। मानवीय मूल्यों का समावेश यदि तकनीकी शिक्षा में होगा तो विद्यार्जन के बाद विद्यार्थी को इस बात की चिंता नहीं होगी कि वह प्राप्त ज्ञान से किसी बड़े उद्योग, व्यवसाय में नौकरी पा सकेगा या नहीं, बल्कि तब वह अपने प्राप्त ज्ञान को संपूर्ण मानवता के कल्याण में लगाने के लिए अधिक उत्साह से कार्य करने की ओर अग्रसर होगा।

ऐसा करके हम विद्यार्थी को यांत्रिक होने से ही नहीं बचा पाएँगे, बल्कि तब उसके ज्ञान का प्रसार हम अपने खेत-खलिहानों, देश के अपने कारखानों में, आत्मनिर्भर अर्थव्यवस्था के विभिन्न आयामों में करता देख पाएँगे। यह ऐसा दौर है, जब पूरा विश्व कोरोना महामारी में अर्थव्यवस्था के संकट से गुजर रहा है। भारत में इस संदर्भ में 'आत्मनिर्भर भारत' के पैकेज की महत्त्वपूर्ण पहल हुई है।

हमारे तकनीकी शिक्षण संस्थाओं को इस बात पर गंभीर होकर विचार करने की जरूरत है कि कैसे वहाँ प्रयुक्त तकनीकी कौशल, ज्ञान को हम अर्थव्यवस्था के लिए एक अवसर के रूप में विकसित करें। मानवीय मूल्यपरक शिक्षा से ही इस दिशा में कुछ सार्थक हो सकता है। मानव मूल्यों की शिक्षा का अर्थ है, उसमें नैतिक, सामाजिक, सांस्कृतिक एवं आध्यात्मिक मूल्य समाहित हों। इसमें विभिन्न विषयों में मनोवैज्ञानिक ढंग से मूल्य समाहित करके उन्हें विद्यार्थियों के समग्र व्यक्तित्व में सम्मिलित किए जाने पर जोर दिया जाता है।

मदन मोहन मालवीयजी कहते थे कि विद्यार्थियों के लिए तीन शब्दों का संदेश पर्याप्त है—शक्ति, शक्ति और शक्ति। पहली शारीरिक शक्ति, दूसरी मानसिक शक्ति और तीसरी आत्मिक शक्ति। तकनीकी शिक्षा में इन संदेशों को घोलने की जरूरत है। यह नहीं भूलना चाहिए कि हमारा प्राचीन ज्ञान-विज्ञान मानवीय मूल्यों का संवाहक होते हुए भी अत्यंत समृद्ध-संपन्न रहा है। ऋषि कणाद ने भौतिकी में प्रकाश और ऊष्मा को एक ही तत्त्व के विभिन्न रूप बताया है।

रसायनशास्त्र के प्राचीनतम प्रसिद्ध ग्रंथों में नागार्जुन रचित 'रसरत्नाकर' का प्रमुख स्थान है। आदि शंकराचार्य के गुरु श्री गोविंद भगवतपाद ने 'रसहृदयतंत्र' जैसा महत्त्वपूर्ण ग्रंथ रचा था। इसके अलावा 'रसेंद्रचूड़ामणि', 'रसप्रकाश सुधाकर' 'रसार्णव', 'रससार' आदि प्राचीन भारतीय ग्रंथ रसायनशास्त्र की हमारी अनमोल विरासत हैं। भारतीय बीजगणित के स्वतंत्र विकास की राह आर्यभट्ट ने ही दिखाई। आज भी कौटिल्य का अर्थशास्त्र विश्व भर में मान्य है।

प्रौद्योगिकी से संबंधित प्राचीन संस्कृत ग्रंथों में कश्यप शिल्प और प्राचीन खनन एवं खनिकी से संबंधित ग्रंथों में 'रत्नपरीक्षा लोहार्णव', 'धातुकल्प', 'लोहप्रदीप', 'पाषाणविचार' आदि ने आधुनिक प्रौद्योगिकी ज्ञान को बहुत से स्तरों पर आलोक दिया है। इन सबका उद्‌देश्य यही है कि प्रौद्योगिकी की हमारी उन्नत परंपरा मानव कल्याण से ही सदा जुड़ी रही है। परंपरा को भुलाकर हम भविष्य की समृद्ध नींव नहीं तैयार कर सकते, इसलिए जरूरी भी है कि विद्यार्थियों का परंपरागत ज्ञान के जीवनमूल्यों से सरोकार सदा बना रहे।

तकनीकी शिक्षा में हमारी प्राचीन परंपरा का समावेश करते हुए मानवीय

मूल्यों का समावेश यदि होता है तो विद्यार्थी चारित्रिक और नैतिक रूप से अधिक संपन्न और समृद्ध होंगे। तकनीकी शिक्षा से विद्यार्थी क्षमतावान बनता है। मानवीय मूल्यों का समावेश होता है तो इस शिक्षा को ग्रहण करनेवाले की सोच के दायरे बढ़ते हैं।

आत्मकेंद्रित होने और प्राप्त ज्ञान का उपयोग केवल अपने ही लिए करने के बजाय वह सार्वभौमिक कल्याण के लिए अपने प्राप्त ज्ञान का उपयोग करने की ओर अग्रसर होता है। मानवीय मूल्यों से ही तकनीकी शिक्षा वास्तविक रूप में मानव कल्याण की संवाहक हो सकती है। इसी से 'वसुधैव कुटुंबकम्' यानी संपूर्ण विश्व एक परिवार है, इस सोच को हम सही मायने में साकार कर सकते हैं। हमारी संस्कृति का मूल ध्येय भी यही है।

□

सूचना और संचार प्रौद्योगिकी से शिक्षण

भारत युवा राष्ट्र है। यहाँ की 60 प्रतिशत जनसंख्या की आयु 30 वर्ष से कम है, जिनका प्रत्यक्ष अथवा परोक्ष रूप से उच्च शिक्षा से जुड़ाव है। इसलिए उच्च शिक्षण संस्थाओं से अपेक्षित है कि वे युवाओं में ईश्वर के प्रति निष्ठा, वर्तमान में विश्वास तथा भविष्य के लिए आशा का संचार करें। कोविड-19 महामारी ने भारतवर्ष में उच्च शिक्षण संस्थानों पर इस युवा वर्ग के भविष्य को सँवारने की चुनौती को और अधिक प्रबल कर दिया है।

आज संपूर्ण मानवता कोविड-19 के विरुद्ध अपने अस्तित्व के लिए संघर्ष कर रही है। इस आपदा काल में जीवन के अन्य पहलुओं की तरह उच्च शिक्षा संस्थानों में भी चुनौतियाँ पहले से कहीं अधिक बढ़ी हैं। दुनिया भर के छात्र, अभिभावक और शिक्षाविद् नोवल कोरोना वायरस की असाधारण लहर के प्रभाव को महसूस कर रहे हैं। इस महामारी ने सभी स्कूल और महाविद्यालयों में शिक्षण प्रक्रिया में व्यवधान तो पैदा किया है, परंतु इससे शिक्षण के नवीन मार्ग भी खुले हैं।

शिक्षा में दूरस्थ शिक्षण बड़े माध्यम के रूप में उभरा है। इसके माध्यम से इस समय की अवधि में सभी हितधारकों के लिए गुणवत्तापूर्ण शिक्षा प्रदान करने का पूर्णरूपेण प्रयास किया जा रहा है। भारत में मार्च का तीसरा सप्ताह वह समय था, जब सभी महाविद्यालयों और विश्वविद्यालयों में कोरोना के खतरे से कक्षाओं में आमने-सामने शिक्षण व्यवस्था में व्यवधान पैदा हुआ था। पारंपरिक वार्षिक प्रणालीवाले अधिकांश उच्च शिक्षण संस्थान वार्षिक परीक्षा के समय से गुजर रहे थे। जबकि सेमेस्टर प्रणालीवाले महाविद्यालय लगभग मध्य सेमेस्टर में पाठ्यक्रम की आवश्यकताओं का लगभग पचास प्रतिशत पूरा कर चुके थे।

विश्वविद्यालयों में यकायक शिक्षा पद्धति को बदलकर ऑनलाइन मोड में परिवर्तित करना कठिन था, परंतु इसे सभी स्तरों पर सुनिश्चित कर यह संदेश भी जैसे दिया गया है कि चाह हो तो कोई-न-कोई राह शिक्षा की निकल ही आती है। मैं यह मानता हूँ कि किसी भी संस्थान की ताकत संकाय में निहित है। आज बदले परिवेश में संकाय को अपनी परंपरागत शिक्षण विधियों को बदलने और प्रौद्योगिकीकेंद्रित शिक्षण को विकसित करने की आवश्यकता है।

संकाय को चाहिए कि अपने आप को 'सक्षम' व्यक्तियों के रूप में स्थापित करना चाहिए, जो छात्रों की उम्मीदों को पूरा कर सके। संकट का प्रबंधन करने और लंबी अवधि में एक लचीली भारतीय शिक्षा प्रणाली का निर्माण करने के लिए एक बहुआयामी रणनीति आवश्यक है। साथ ही उच्च शिक्षण संस्थाओं को तत्काल उपायों की क्रियान्विति कर महाविद्यालयों और विश्वविद्यालयों में अध्यापन की निरंतरता सुनिश्चित करना समय की आवश्यकता भी है।

ओपन-सोर्स डिजिटल लर्निंग उपाय और लर्निंग मैनेजमेंट सॉफ्टवेयर को अपनाया जाना चाहिए, इससे शिक्षक ऑनलाइन शिक्षण का संचालन कर सकें। समावेशी शिक्षण समाधान, विशेष रूप से सबसे कमजोर और अधिकारविहीन के लिए, विकसित किए जाने की आवश्यकता है। भारत में मोबाइल इंटरनेट उपयोगकर्ताओं की तेजी से वृद्धि के साथ, प्रौद्योगिकी देश के दूरस्थ भागों में भी शिक्षा की सर्वव्यापी पहुँच और वैयक्तीकरण को सक्षम कर रही है।

पाठ्यक्रम को कमजोर-से-कमजोर विद्यार्थी तक पहुँचाने के लिए ऑनलाइन तथा ऑफलाइन दोनों शिक्षण पद्धतियों का प्रयोग करते हुए दूरस्थ क्षेत्र के विद्यार्थियों तक भी शिक्षा पहुँचानी है। राजस्थान राज्य के दूरस्थ क्षेत्रों के विद्यार्थियों को गुणवत्तापूर्ण शिक्षा किस प्रकार पहुँचाई जाए, इस हेतु भी तकनीक के बेहतर उपयोग पर विचार करना होगा। यह हमारी शिक्षा प्रणाली को बदल सकता है और सीखने तथा सिखाने की प्रभावशीलता को बढ़ा सकता है, जिससे छात्रों और शिक्षकों को चुनने के लिए कई विकल्प मिलेंगे।

दुनिया भर में विकसित माँग-आपूर्ति के रुझान के लिए उच्च शिक्षा क्षेत्र को तैयार करने के लिए विशिष्ट रणनीतियों की आवश्यकता होगी—विशेष रूप से छात्रों और संकाय की वैश्विक गतिशीलता से संबंधित और भारत में उच्च

अध्ययन की गुणवत्ता और माँग में सुधार। इसके अलावा, नियोजन के प्रस्तावों, इंटर्नशिप कार्यक्रमों और अनुसंधान परियोजनाओं पर महामारी के प्रभाव को कम करने के लिए तत्काल उपायों की आवश्यकता होगी।

परीक्षाओं का संचालन तथा उत्तर-पुस्तिकाओं के मूल्यांकन में भी किस प्रकार से त्वरित गति से कार्य हो सके तथा किस प्रकार की तकनीक का प्रयोग किया जाए, यह भी महत्त्वपूर्ण है। उच्च शिक्षा में वर्तमान अंतरण और शैक्षणिक प्रणाली पर पुनर्विचार करना भी महत्त्वपूर्ण है, एकीकृत शिक्षण प्रणाली के निर्माण के लिए इ-लर्निंग मोड के साथ कक्षा शिक्षण को समेकित रूप से एकीकृत करना भी आवश्यक है। राज्य स्तर पर तकनीकी शिक्षा सुधारों में प्रमुख चुनौती वर्तमान भारतीय शिक्षा प्रणाली में प्रौद्योगिकी के सहज एकीकरण की है, जो दुनिया में सबसे अलग और सबसे बड़ी है।

इसके अलावा संपूर्ण राष्ट्र में उच्च शिक्षण संस्थाओं द्वारा विकसित और ऑनलाइन सीखने के लिए गुणवत्ता आश्वासन तंत्र और गुणवत्ता मानदंड स्थापित करना भी महत्त्वपूर्ण है। आज अलग-अलग विश्वविद्यालय व संस्थाएँ एक ही विषय-वस्तु को भिन्न-भिन्न प्रारूपों में विभिन्न प्रमाणन, कार्यप्रणाली और मूल्यांकन मापदंडों के साथ विभिन्न स्तरों पर पाठ्यक्रम में प्रदान करते हैं।

कोविडजनित परिदृश्य में जहाँ हम इ-शिक्षण व्यवस्था लागू करने की चर्चा कर रहे हैं, हमें इस शिक्षण का संचालन करना होगा। इ-शिक्षण हेतु हमें इंटरनेट के साथ-साथ ऐसे प्लेटफॉर्म की आवश्यकता होगी, जो व्यापक हो तथा एक समय में अधिक-से-अधिक विद्यार्थियों की आवश्यकता की पूर्ति कर सके।

ऐसी समय-सारणी बनाएँ, जिसमें आरंभिक दो या तीन माह में दूरस्थ व इ-शिक्षण के माध्यम से सैद्धांतिक कालांशों का संपादन करें। तदुपरांत विद्यार्थियों को प्रयोगशालाओं व फील्ड में प्रायोगिक अनुभव हेतु छोटे-छोटे समूहों में आवश्यकतानुसार कैंपस में बुलाया जा सकता है। यदि आवश्यक हो तो पाठ्यक्रम में आवश्यक बदलाव कर सैद्धांतिक व प्रायोगिक घटकों के संतुलन को पुनः परिभाषित किया जा सकता है। इस हेतु संकाय स्तर पर सक्रिय मंथन की आवश्यकता होगी।

सौभाग्य से प्रौद्योगिकी ने हमें शिक्षण हेतु कई नए आयाम और तकनीकें प्रदान की हैं, जिसकी मौजूदा हालात में गंभीर प्रासंगिकता है। संवर्धित वास्तविकता (ए.आर.) और आभासी वास्तविकता (वी.आर.) जैसी तकनीकों से शिक्षण को संवादात्मक और आकर्षक बनाया जा सकता है। आभासी वास्तविकता के अनुप्रयोग प्रायोगिक शिक्षा में शामिल हो सकते हैं, जिसमें मिश्रित वास्तविकता शामिल है।

कोविड–19 जनित संकट काल उच्च शिक्षा प्रणाली को बदलने का एक अवसर है। संस्थानों तथा विश्वविद्यालयों को स्वयं को बदलने के लिए इस अवसर का उपयोग करना चाहिए। उच्च शिक्षा में ऑनलाइन शिक्षण व्यवस्था को बढ़ावा देने, पाठ्यक्रम पुनः निर्माण कर सैद्धांतिक के साथ–साथ प्रायोगिक अवयवों के सही संतुलन, सहयोग, कौशल विकास और सक्रिय संकाय भागीदारी जैसी बातों पर ध्यान केंद्रित करना चाहिए।

मौजूदा परिस्थितियों में सर्वश्रेष्ठ हासिल करने के लिए सभी बाधाओं का प्रभावी रूप से सामना करने के लिए शिक्षा में भी प्रभावी पद्धतियों का उपयोग करने की जरूरत है। शिक्षा वही सार्थक है, जो समय के साथ चले, इसके लिए यह भी जरूरी है कि शिक्षा में संप्रेषण के माध्यमों की अधुनातन तकनीक से जुड़े ऑनलाइन माध्यमों का संकाय स्तर पर प्रभावी प्रशिक्षण भी दिया जाए। इससे ऑनलाइन पढ़ाई को भविष्य में और अधिक सुसंगत बनाया जा सकेगा।

□

समय के साथ चले उच्च शिक्षा

देश की उच्च शिक्षा प्रणाली को सुदृढ़ करने के साथ ही जरूरत आज इस बात की भी है कि उच्च शिक्षा विद्यार्थियों के भविष्य को व्यावहारिक रूप में सकारात्मक दिशा की ओर ले जाए। देश की नई शिक्षा नीति के आलोक में उच्च शिक्षा के विकास को इसी परिप्रेक्ष्य में देखे जाने की जरूरत है। यह बात इसलिए कि देश में 34 साल बाद आई नई शिक्षा नीति विद्यार्थियों में राष्ट्रीयता की विचारधारा का पोषण करने के साथ ही देश के दीर्घकालीन विकास में शिक्षकों और विद्यार्थियों की महत्त्वपूर्ण भूमिका तय करनेवाली है। मैं यह मानता हूँ कि यह पूरी तरह से भारतीय जनमानस की भावनाओं, आकांक्षाओं और अपेक्षाओं की पूर्ति करनेवाली है।

शिक्षा, व्यावसायिक शिक्षा और उसके प्रभावी क्रियान्वयन के साथ ही इसमें शिक्षक शिक्षा पर भी सर्वथा नवीन दृष्टिकोण है।

हमारे यहाँ शास्त्रों में 'नेति-नेति' शब्द आए हैं, अर्थात् अंत नहीं है। वही सब सत्य नहीं है, जो चल रहा है। अभी और मंजिल तय करनी है। नई शिक्षा नीति को भी इस संदर्भ में देखे जाने की जरूरत है। ज्ञान की कोई सीमा नहीं होती और विश्वविद्यालयों को तो मैं ज्ञान के अजस्र स्रोत मानता हूँ। मैं यह मानता हूँ कि विश्वविद्यालय ऐसे प्रकाशगृह हैं, जिनसे पूरा समाज आलोकित होता है। नई शिक्षा नीति ज्ञान की हमारी प्राचीन परंपराओं के पोषण के साथ ही आधुनिक ज्ञान-विज्ञान के नवीन मार्गों के लिए भी प्रेरित करनेवाली है। नई शिक्षा नीति में विज्ञान, कला, संस्कृति के साथ भारतीय विचारधारा से जुड़े संस्कारों से संबद्ध अध्ययन की स्वतंत्रता दी गई है।

शिक्षा में विद्यार्थी की स्वयं की रुचि बेहद महत्त्वपूर्ण होती है। इसी से उसका कालांतर में सर्वांगीण विकास संभव होता है। इस दृष्टिकोण से नई शिक्षा

नीति पूरी तरह से विद्यार्थी केंद्रित है। इसमें स्पष्ट उल्लेख है कि न तो किसी भाषा को विद्यार्थी पर थोपा जाएगा और न ही किसी भाषा का विरोध किया जाएगा। इस नीति के 'सबसेक्शन 15.4' में विद्यार्थियों को पढ़ाए जानेवाले विषयों में पढ़ाई कराने के तरीकों की विविधता के साथ ही उच्च स्तर की गुणवत्ता पर विशेष जोर दिया गया है। इसी तरह इसमें शिक्षकों की क्षमता वृद्धि पर भी विशेष ध्यान दिया गया है। इसके तहत दूसरे उच्च स्तर के प्रोफेशनल्स के साथ ही शिक्षकों को भी समाज में उच्चतम स्तर से जोड़े जाने की बात है। उद्देश्य यही है कि देश की उच्च शिक्षा में विश्व स्तर पर गुणात्मक विकास हो। मैं भी यह मानता हूँ कि शिक्षक का सम्मान सर्वोपरि है।

महर्षि अरविंद ने कभी कहा था कि शिक्षक वह माली है, जो समाजरूपी नर्सरी की निराई-गुड़ाई कर उसे सँवारता है, इसलिए शिक्षक का सम्मान राष्ट्र का सम्मान है। देश की भावी पीढ़ी के चरित्र-निर्माण का सबसे बड़ा कार्य कोई करता है तो वह शिक्षक ही करते हैं। इसलिए उन्हें सम्मान देने का अर्थ है, हम अपने भविष्य को बेहतर करने के लिए कार्य कर रहे हैं।

नई राष्ट्रीय शिक्षा नीति में शिक्षकों के प्रशिक्षण और उनकी क्षमता वृद्धि पर विशेष ध्यान दिया गया है। मैं यह मानता हूँ कि सूचना और संचार प्रौद्योगिकी के इस दौर में उच्च शिक्षा से जुड़े शिक्षकों पर दोहरी-तिहरी नहीं, बल्कि इससे भी अधिक जिम्मेदारियाँ हैं। उन्हें कक्षा में केवल पढ़ाना भर ही नहीं होता, बल्कि उच्च तकनीक से जुड़े साधनों के बेहतर इस्तेमाल से अधुनातन ज्ञान-विज्ञान का प्रसार भी विद्यार्थियों में करना होता है। स्वाभाविक ही है कि इसके लिए शिक्षकों के बेहतर प्रशिक्षण के जरिए उनमें दक्षता वृद्धि पर ध्यान देने की अधिक जरूरत है।

व्यावसायिक शिक्षा का प्रभावी क्रियान्वयन और इसके जरिए 'आत्मनिर्भर भारत' की सोच को तभी सही मायने में साकार किया जा सकता है, जब शिक्षकों के प्रशिक्षण की उत्कृष्ट व्यवस्था के साथ ही उन्हें युगानुकूल तैयार करने पर विश्वविद्यालय कार्य करे। नई शिक्षा नीति में इस सबके लिए ही विशेष जोर है।

नई शिक्षा नीति में मजबूत अनुसंधान संस्कृति हेतु एक शीर्ष निकाय के रूप में नेशनल रिसर्च फाउंडेशन (एन.आर.एफ.) की स्थापना की बात कही

गई है। एन.आर.एफ. का मुख्य उद्देश्य विश्वविद्यालयों के माध्यम से शोध की संस्कृति को सक्षम बनाना होगा। पहली बार ऐसा हुआ है, जब स्वतंत्र रूप से शोध संस्कृति के विकास के लिए इस तरह का प्रावधान शिक्षा नीति में किया गया है।

विश्वविद्यालयों को चाहिए कि वे अपने यहाँ नवीनतम शोध और अनुसंधान की ऐसी संस्कृति विकसित करें, जिससे विद्यार्थी बहुत सारी किताबों के संदर्भ से एक पुस्तक तैयार करने की सोच के बजाय अपने स्वयं के अनुभव, अध्ययन से मौलिक स्थापनाओं की ओर प्रवृत्त हों। विश्वविद्यालय और उनसे संबद्ध महाविद्यालय शोध और ज्ञान के केंद्र बने। शिक्षण संस्थाओं की पहचान वहाँ की सुंदर इमारत और सुविधाओं से नहीं होनी चाहिए, बल्कि वहाँ की चिंतन परंपरा से होनी चाहिए। शिक्षा की समर्थता का पैमाना भारतीय संस्कृति के जीवन-मूल्यों से ओत-प्रोत मानव-निर्माण ही है।

शिक्षा को मैं त्रिमुखी प्रक्रिया मानता हूँ। इस प्रक्रिया की महत्त्वपूर्ण कड़ियाँ हैं—शिक्षक, शिक्षार्थी एवं पाठ्यक्रम। शिक्षक का पुनीत कार्य शिक्षार्थी को पढ़ाना है और पाठ्यक्रम ही इसका माध्यम है। शिक्षा का मूल प्रयोजन मानव के तीनों आयामों—बुद्धि, मन तथा शरीर को स्वस्थ बनाकर उसे सुसभ्य, सुसंस्कृत तथा विकासोन्मुख बनाना ही है। विश्वविद्यालयों को चाहिए कि वे विश्व में निरंतर हो रहे आधुनिक शोध और ज्ञान के खुल रहे नए दरवाजों से विद्यार्थियों को प्रवेश करने में सक्षम बनाएँ।

इस अवसर पर मुझे गुरुदेव रवींद्रनाथ टैगोर और उनके द्वारा स्थापित शांति निकेतन से जुड़ा उनका चिंतन विशेष रूप से स्मरण हो रहा है। गुरुदेव ने कभी कहा था, 'यदि शिक्षक स्वयं अध्ययन नहीं करता तो वह सच्ची शिक्षा नहीं दे सकता। जो दीपक स्वयं बुझ गया है, वह दूसरे दीपक को क्या जलाएगा? यदि किसी शिक्षक ने अपने विषय के अध्ययन की इतिश्री कर ली है, जिसने अपना ज्ञानवर्धन समाप्त कर दिया है और जो पिछली बातें ही दुहराता रहता है, वह विद्यार्थियों के साथ न्याय नहीं करता। वह उनका मस्तिष्क प्रखर नहीं बना सकता। अत: शिक्षक को आजीवन अध्ययनपरायण रहना चाहिए।'

आज जब तेजी से सूचनाओं का प्रसार हो रहा है और विश्व में नित्य नए

ज्ञान-विज्ञान के आविष्कार हो रहे हैं, यह जरूरी है कि विश्वविद्यालय अपने यहाँ ऐसी अध्ययन-अध्यापन प्रणाली विकसित करें, जिससे विद्यार्थियों को पाठ्यक्रम-आधारित ज्ञान ही नहीं मिले, बल्कि नवीनतम ज्ञान-विज्ञान से भी वह अपडेट रहे। विद्यार्थी केवल रटंत विद्या से ही नहीं जुड़ें, बल्कि उनके मस्तिष्क इस रूप में तैयार हों कि वे अपने आसपास के परिवेश में घटित तमाम प्रकार की जानकारियों में सहभागी होकर भविष्य में समाज के सकारात्मक बदलाव के बड़े निर्णायक बन सकें।

हमारे यहाँ शिक्षा प्रदान करने की गौरवमयी प्राचीन परंपरा रही है। महर्षि दुर्वासा का चलता-फिरता विश्वविद्यालय प्राय: दस हजार शिक्षार्थियों से पूर्ण था। वाल्मीकि, वशिष्ठ, अंगिरा, भारद्वाज आदि प्राचीन कुलपति थे। सांदीपनि ऋषि भगवान् श्रीकृष्ण और सुदामा के गुरु थे। उन्होंने जो शिक्षा दी, वह जीवन व्यवहार की ऐसी शिक्षा थी, जिसमें मानव कल्याण निहित था।

बदलते समय के साथ शिक्षा में आ रही चुनौतियों को स्वीकार करते हुए यह जरूरी है कि शिक्षण संस्थान अपने यहाँ इस तरह से अध्ययन-अध्यापन की व्यवस्था विकसित करें, जिससे शिक्षकों के उत्कृष्ट प्रशिक्षण को ही प्रभावी रूप में क्रियान्वित न किया जा सके, बल्कि देश की आवश्यकताओं के अनुरूप विभिन्न संकायों में युगानुकूल व्यावसायिक और पेशेवर विद्यार्थियों तैयार होकर निकल सके।

नई शिक्षा नीति की मंशा को समझते हुए विश्वविद्यालय अपने यहाँ आधुनिक समय की माँग के अनुरूप ऐसे पाठ्यक्रम विकसित करें, जिनसे विद्यार्थियों के स्वयं का रोजगार ही सुनिश्चित न हो, बल्कि वे दूसरों को भी रोजगार देने में सक्षम बन सकें।

शिक्षा से ही किसी देश का भविष्य तैयार होता है, स्वाभाविक ही है कि इसके लिए शिक्षा में सकल घरेलू उत्पाद का बड़ा हिस्सा होना चाहिए। नई शिक्षा नीति में देश की जी.डी.पी. का छह फीसदी शिक्षा में लगाने का लक्ष्य इसीलिए रखा गया है कि शिक्षा के जरिए हम 'आत्मनिर्भर' भारत की सोच को ही प्रभावी रूप में क्रियान्वित न कर सकें, बल्कि भारत की फिर से विश्वगुरु रूप में पहचान बने।

विश्वविद्यालयों में वर्षों से चल रहे पाठ्यक्रमों को अद्यतन करने के प्रयास भी समय की बड़ी आवश्यकता है। यह भी देखा जाए कि भौतिकशास्त्र, रसायनशास्त्र, अर्थशास्त्र आदि की जो सैद्धांतिक ज्ञान की पुस्तकें बरसों से चली आ रही हैं, क्या अब भी उपयोगी हैं? इनकी नए समय संदर्भों में उपयोगिता और नवीनतम ज्ञान के आलोक में आवश्यकताओं पर विचार करते हुए इनके नवीनतम संशोधित संस्करणों को लागू करवाने की भी कारवाई होनी चाहिए। इसी तरह लंबे समय से जो पाठ्यक्रम अपडेट नहीं हुए हैं, उन्हें भी नई शिक्षा नीति की मंशा के अनुरूप अपडेट करने की कारवाई होनी चाहिए।

मैं स्पष्ट रूप से यह मानता हूँ कि शिक्षा का उद्देश्य किताबी कीड़े पैदा करना नहीं होना चाहिए। विश्वविद्यालयों में इस तरह की शिक्षा का प्रसार होना चाहिए, जिससे न केवल देश के भावी अच्छे नागरिक तैयार हों, बल्कि इस तरह के विद्यार्थी निकलें, जो देश की समृद्धि के लिए भविष्य में कार्य करें।

□

संस्कृति का लोक-आलोक

जीवन पथ का आलोक

महात्मा गांधी का जीवन भारत ही नहीं, पूरे विश्व और पूरी मानवता के लिए प्रेरणा का संदेश देता रहा है। मैं यह आरंभ से ही मानता रहा हूँ कि उनका जीवन और उनके कार्य उन्हें इतनी ऊँचाई प्रदान करते हैं कि आज उनके जन्म के 150 वर्ष बाद भी हमें न केवल प्रेरणा मिल रही है, बल्कि भावी पीढ़ी के लिए भी इसमें संदेश निहित हैं। गांधीजी ने स्वतंत्र भारत में अपने जीवन का बहुत कम समय व्यतीत किया। इसके बावजूद हम देखते हैं कि आज देश का विकास और विकास की संकल्पना उनके स्वदेशी ग्राम स्वराज्य और स्वावलंबन जैसे सिद्धांतों के बिना अधूरी है।

महात्मा गांधी एक ऐसे व्यक्तित्व थे, जिनके सिद्धांत देश, धर्म, भाषा, जाति, संप्रदाय और वर्ग सबसे ऊपर उठकर संपूर्ण मानवता के लिए उपयोगी और प्रासंगिक बने रहेंगे। अगर हम इतिहास पर नजर डालें तो विश्व भर में पिछली शताब्दी के दौरान साम्राज्यवाद के खिलाफ चले सभी आंदोलनों में गांधी की छाप नजर आती है।

दक्षिण अफ्रीका में नेल्सन मंडेला हों या अमरीका में मार्टिन लूथर किंग, फिलिस्तीन में यासिर अराफात हों या पोलैंड के लेक वालेसर, सबने किसी-न-किसी रूप में गांधी को अपना प्रेरणास्रोत माना। गांधीजी के विचारों और आचरण के साथ-साथ उनके सिद्धांतों और अहिंसा में उनकी अटूट निष्ठा ने दुनिया के कई देशों में आंदोलनों की दिशा ही बदल दी।

सत्याग्रह जैसा जो मार्ग महात्मा गांधी द्वारा प्रदान किया गया, वह विश्व भर में असहमति और विरोध व्यक्त करने के लिए एक प्रमुख मार्ग बनकर सामने

आया। अहिंसात्मक तरीके से भी विरोध किया जा सकता है और ब्रिटेन जैसी महाशक्ति को भारत ही नहीं, कई देशों से अपने पैर खींचने पड़ सकते हैं, यह गांधीजी ने कर दिखाया।

आज का विश्व जिन बड़ी चुनौतियों से जूझ रहा है, उनके निराकरण का मार्ग भी गांधीजी के विचारों से खुलता है। पर्यावरण असंतुलन, आतंकवाद, चारित्रिक गिरावट और अविवेकपूर्ण तरीके से हो रहा विकास, वे चुनौतियाँ हैं, जिनका सामना पूरा संसार कर रहा है। महात्मा गांधी ने बहुत संक्षेप में मनुष्य, समाज और राष्ट्र के निर्माण का एक छोटा सा तरीका बताया।

'यंग इंडिया' समाचार-पत्र के 22 अक्तूबर,1925 के अंक में गांधीजी द्वारा गिनाए गए 7 सामाजिक पापों की सूची प्रकाशित हुई। उन्होंने इन 7 पापों का उल्लेख किया—सिद्धांतविहीन राजनीति, कर्मविहीन धन, आत्मा के बिना सुख, चरित्र के बिना धन, नैतिकताविहीन व्यापार, मानवीयताविहीन विज्ञान और त्यागविहीन पूजा, जिनसे बचना चाहिए।

गांधीजी के अनुसार नैतिकता, अर्थशास्त्र, राजनीति और धर्म अलग-अलग इकाइयाँ हैं, पर इन सबका उद्‌देश्य एक ही है और वह है सर्वोदय। राजनीति अगर लक्ष्यहीन और आदर्शों पर टिकी नहीं है तो वह पवित्र नहीं हो सकती। इसी प्रकार अनुचित साधनों से बिना परिश्रम कमाया गया धन, एक प्रकार से चुराया हुआ धन है। गांधीजी का आत्मा से अभिप्राय मन की उस आवाज से है, जो गलत और सही का विवेक प्रदान करती है। इसी तरह ऐसा विज्ञान, जो मानवता के विपरीत कार्य करे, वह वरदान नहीं, अभिशाप है।

महात्मा गांधी ने सार्वजनिक क्षेत्र में कार्य कर रहे लोगों का नैतिक चरित्र का होने की जरूरत पर न केवल बल दिया, बल्कि खुद पूरा जीवन त्याग की मूर्ति बनकर गुजारा। अहिंसा बापू द्वारा दिया गया वह मंत्र है, जिसमें विश्व शांति की पूरी संभावना छिपी हुई है। उन्होंने कहा था कि अहिंसा कायर लोगों के लिए नहीं है। भगवान् महावीर स्वामी ने भी हजारों साल पहले यही कहा था—'क्षमा वीरस्य भूषणम्'। आज अहिंसा की शक्ति को पहचानने का समय है।

महात्मा गांधी का ग्राम स्वराज्य, स्वदेशी और स्वावलंबन का मार्ग विशेष रूप से अपनाने योग्य है। स्वावलंबन एक ऐसा जीवन-दर्शन है, जो मनुष्य को

दूसरे पर निर्भर होने से रोकता है। इससे व्यक्ति, समाज और अंततः राष्ट्र को ऐसे नागरिक मिलते हैं, जो चरित्रवान होने के साथ-साथ श्रम का महत्त्व समझनेवाले और अनुशासित होते हैं।

भारत हमेशा से ऐसा देश था, जो अभावों के बावजूद संतुष्टि महसूस करता था। यहाँ के गाँव पूरी तरह आत्मनिर्भर थे। 18वीं और 19वीं शताब्दियों में उपनिवेशवादी ताकतों ने समृद्ध भारत के संसाधनों को लूटा-खसोटा। गांधीजी ने भारत की आत्मा की ताकत, धर्म में नागरिकों की अटूट आस्था और परावलंबी न होने की देश की प्रकृति को पहचाना। उन्होंने जिन चीजों को कमजोरी माना जाता था, उन्हें ताकत के रूप में बदल डाला।

गांधीजी ने एक ताबीज दिया था, जिसका उल्लेख मैं विशेष रूप से करना चाहूँगा। गांधीजी ने कहा था कि मैं तुम्हें एक तिलिस्म देता हूँ, जब भी दुविधा में हो या जब अपना स्वार्थ तुम पर हावी हो जाए तो इसका प्रयोग करो। उस सबसे गरीब और दुर्बल व्यक्ति का चेहरा याद करो, जिसे तुमने कभी देखा हो और अपने आप से पूछो—जो कदम मैं उठाने जा रहा हूँ, वह क्या उस गरीब के कोई काम आएगा ? क्या उसे इस कदम से कोई लाभ होगा ? दूसरे शब्दों में, क्या यह कदम लाखों भूखों और आध्यात्मिक दरिद्रों को स्वराज देगा ? तब तुम पाओगे कि तुम्हारी सारी शंकाएँ और स्वार्थ पिघलकर खत्म हो गए हैं। यह तिलिस्म आज भी उतना ही कारगर है।

हमारा देश विभिन्न धर्मों, जातियों, भाषाओं और संस्कृतियों का संगम है। यह विविधता भरी संस्कृति भारत को पूरी दुनिया में विशिष्ट बनाती है। आज का समय इस संस्कृति को बनाए और बचाए रखने का है। देश के सामने जो चुनौतियाँ हैं, उनमें गरीबी, अशिक्षा और सामाजिक पिछड़ापन प्रमुख है। देश के नागरिकों का समग्र विकास हो, इसके लिए सरकार निरंतर कार्य कर रही है। इन कार्यों की गति बनी रहे, इसके लिए सभी लोगों का सहयोग अत्यंत आवश्यक है। सहयोग और शांतिपूर्ण अस्तित्व हमारी संस्कृति का भी अभिन्न हिस्सा है।

इस समय हम सबका दायित्व है कि देश को एक ऐसे मार्ग पर ले जाएँ, जहाँ सभी लोग अपने-अपने विश्वासों पर आस्था रखते हुए स्वतंत्रता का अनुभव

कर सकें। महात्मा गांधी के विचार और उनका जीवन इस काम में सबसे उपयोगी सिद्ध हो सकता है। प्रारंभिक कक्षाओं से ही विद्यार्थियों को हमारे राष्ट्रनायकों के जीवन और उनके कार्यों की जानकारी दी जाती है। इसके साथ ही विद्यार्थियों को यह शिक्षा भी मिलनी चाहिए कि वे व्यावहारिक रूप में इन सिद्धांतों को किस प्रकार जीवन में आत्मसात् कर सकें।

महात्मा गांधी के विचार आज भी प्रासंगिक बने हुए हैं। ट्रस्टीशिप का उनका सिद्धांत इतना प्रेरणादायी है कि उस पर चलकर विकास के सभी लक्ष्य हासिल किए जा सकते हैं।

उन्होंने कहा था कि जो लोग शासन में हैं, वे जनता की संपत्ति को अपना न मानते हुए, पूरे समुदाय का मानें और खुद उसका न्यासी (Trustee) बनकर कार्य करें। इससे ईमानदारी और नैतिकता का उदाहरण प्रस्तुत होगा।

पर्यावरण को हो रहे नुकसान से आज पूरा विश्व चिंतित है। इस दिशा में महात्मा गांधी का बताया रास्ता कि वस्तुओं का उत्पादन गाँवों में ही हो और ऐसी सामग्री से हो, जो वहीं मिलती हो तो प्रदूषण और पर्यावरण असंतुलन जैसी समस्या से बचा जा सकता है। सरकार ने इस दिशा में एकल उपयोग प्लास्टिक मुक्त भारत बनाने का महत्त्वपूर्ण कार्य आरंभ किया है। आप सबसे इस अनुष्ठान में सम्मिलित होने का मैं आग्रह करता हूँ। यह भविष्य में होनेवाली बहुत सारी समस्याओं को दूर करेगा।

सरकार ने स्वच्छ भारत अभियान के माध्यम से भी एक संदेश दिया है, जिसके सार्थक परिणाम मिले हैं। इस कार्य में समाज के सभी वर्गों की जो भागीदारी रही है, वह उत्साहवर्धक है। जल संरक्षण हमारी आज की प्राथमिकता है। जल संकट से जूझने और अपनी पीढ़ियों के लिए पानी की विरासत बची रहे, यह समय की जरूरत है।

महात्मा गांधी को यदि हम गहराई से पढ़ेंगे तो यह भी पता चलेगा कि आज की जितनी भी समस्याएँ हैं, उनका निदान उन्होंने अपने समय में भी अपने विचारों से निरंतर दिया है। वह इसलिए भी प्रासंगिक हैं कि उन्होंने समय की नब्ज को पकड़ते हुए जीवन से जुड़े आलोक को हमें सौंपा है।

□

सांस्कृतिक राष्ट्रवाद से अहिंसा मार्ग

महात्मा गांधी को हम सभी 'राष्ट्रपिता' संबोधित करते हैं। जब भी उनके इस संबोधन पर गहराई से विचार करता हूँ, राष्ट्र से जुड़े उनके आदर्श और सभी को साथ लेकर चलने की उनकी उदात्त दृष्टि जेहन में कौंधने लगती है। मैं यह मानता हूँ कि यह गांधी ही थे, जिन्होंने स्वाधीनता आंदोलन को व्यापक दृष्टिकोण प्रदान करते हुए उसे भारतीय संस्कृति और जीवन-मूल्यों से जोड़ा।

राष्ट्र के रूप में हमारे देश का विकास केवल यहाँ के भूभाग और किसी राजनीतिक सत्ता के अस्तित्व के कारण नहीं, बल्कि पाँच हजार से भी अधिक पुरानी हमारी संस्कृति के कारण हुआ है। एक बड़े भूभाग में भाषा, क्षेत्रों की परंपराओं में वैविध्यता के बावजूद इसलिए हमारे सांस्कृतिक मूल्य निरंतर जीवंत रहे हैं। गांधीजी ने आजादी आंदोलन में इसी सांस्कृतिक जीवंतता को अहिंसा और नैतिक जीवन-मूल्यों से जोड़ा। यही उनका वह सांस्कृतिक राष्ट्रवाद था, जिसमें देश को अंग्रेजों की गुलामी से मुक्त कराने हेतु आंदोलनों का नेतृत्व करते हुए उन्होंने राष्ट्र को सांस्कृतिक दृष्टि से एक किया।

सांस्कृतिक एकता हमारे देश की राष्ट्रीय पहचान की सभ्यतामूलक दृष्टि है। यही असल में सांस्कृतिक राष्ट्रवाद है। इसी में अनेकता में एकता के बीज अंकुरित होते हैं। महात्मा गांधीजी ने देश की विविधता की ताकत को पहचानते हुए समानता की सोच के साथ राष्ट्र को आजादी आंदोलन के लिए एकजुट करने का कार्य किया। राष्ट्र को सर्वोपरि रखते हुए उन्होंने अपने आंदोलनों में जन-जन की भागीदारी सुनिश्चित की। उनके लिए स्वाधीनता केवल अंग्रेजों की गुलामी से मुक्ति तक सीमित नहीं थी, बल्कि पूरे देश में स्वराज की स्थापना पर उनका जोर था। इसलिए स्वदेशी को अपनाने के बहाने उन्होंने राष्ट्र और उससे जुड़ी वस्तुओं, संस्कृति से प्रेम करने की राह भी सुझाई।

गांधीजी का यह पक्ष भी मुझे हमेशा से प्रभावित करता रहा है कि राजनीति को दूसरे पक्ष के विरोध के बजाय उन्होंने सृजन और सहनशीलता से जोड़ा। चरखे पर सूत कातना, विदेशी वस्तुओं का बहिष्कार करना दूसरे पक्ष का विरोध नहीं, प्रत्यक्षत: सृजन सरोकार ही थे और सत्याग्रह सहनशीलता। आजादी आंदोलन में देश के लोगों में परस्पर सद्भाव जगाते जनमानस में सकारात्मक बदलाव की उन्होंने पहल की। यह एक तरह से उनके द्वारा देश में गुलामी के दौर में भी लोकतांत्रिक संस्कृति का विकास करने जैसा था।

न्यायसंगत राजनीति का उनका मूल सांस्कृतिक राष्ट्रवाद से जुड़ा इसलिए प्रतीत होता है कि वहाँ भारतीय संस्कृति के अनुरूप विपक्षी पक्ष पर उसके अनैतिक कृत्यों के कारण क्रोध नहीं कर उसे सहन करने की क्षमता विकसित किए जाने पर जोर दिया गया था। अंग्रेज देश को लंबे समय तक गुलाम रखे जाने की कूटनीति जानते थे। इसलिए परस्पर लोगों को संप्रदाय, जातिवाद और मजहब के नाम पर लड़वाकर प्राय: लोगों को उग्र कर अनैतिक हिंसा के लिए उकसाते थे। इसकी आड़ में वे आजादी के आंदोलन के लिए लड़नेवालों का भी दमन करते थे। राज द्वारा बगावत को कुचलने का उनका यही नैतिक स्वरूप था। वर्षों तक गुलाम भारत में अंग्रेज यही करते आ रहे थे, इसलिए आजादी बहुत बार मिलते-मिलते रह जाती थी। पर गांधीजी ने चंपारण सत्याग्रह के जरिए आजादी के आंदोलन में इस तरह से राजनीतिक प्रवेश किया कि तब उनके नेतृत्व में लोगों ने न तो राज्य के विरुद्ध हिंसा की, न बगावत की। नील आंदोलन में ब्रिटिश सरकार द्वारा गांधीजी को जब प्रतिबंधित किया गया तो 1917 में उन्हेंने न्यायाधीश के समक्ष अपनी जो बात रखी, वह आज भी मन में कौंधती है। उन्होंने कहा, 'कानून को मैंने तोड़ा है। इसके लिए आप मुझे सजा दे सकते हैं, परंतु मेरा अधिकार है कि मैं अपने देश में कहीं भी आ-जा सकता हूँ।' निडरता से, अहिंसक ढंग से तर्कसंगत अपनी बात रखने का उनका यह जो तरीका था, वही आजादी के आंदोलन का बाद में बड़ा मंत्र बना। उनकी बातों के तर्क और अहिंसापूर्ण तरीके के आंदोलन से अंतत: अंग्रेजों को चंपारण आंदोलन में झुकना पड़ा। चंपारण आंदोलन ने देश को गांधीजी के जरिए वह राह दी जिसमें अलग-थलग पड़े पूरे देश का हिंसक-अहिंसक स्वरूप आजादी आंदोलन के रूप में

पूरी तरह से संगठित हुआ। ब्रिटिश राज के खिलाफ अहिंसा इसी से एक कारगर हथियार बनी।

राज्य की हिंसा वैधानिक होती है और जनता की हिंसा बगावत मानी जाती है। बगावत को अनैतिक मानते हुए कुचलना कोई मुश्किल नहीं होता। इसलिए कि बहुत से मायनों में बगावत में अनैतिकता भी कई बार प्रवेश कर जाती है, ऐसे में राज्य को जनता की हिंसा को कुचलने की नैतिकता का हथियार मिल जाता है। अंग्रेजों ने अपने राज की आड़ में हमेशा यही किया। गांधीजी इस बात को जानते थे, इसलिए उन्होंने राज्य की हिंसा का मुकाबला भारतीय संस्कृति में चली आ रही अहिंसा की परंपरा से करने का नैतिक साहस देश की जनता को दिया। अहिंसा का उनका हथियार ऐसा था, जिसमें राज्य के दमन के सारे तर्क विफल हो जाते हैं। इसके बाद फिर भी लोगों को कुचलने के लिए कार्य होता है तो राज्य की अपनी नैतिकता दाँव पर लग जाती है। गांधीजी ने अंग्रेजों को इस तरह मानसिक रूप से अशक्त करने का कार्य किया। सत्याग्रह, सविनय असहयोग आंदोलन और अहिंसापूर्ण विद्रोह का मूल यही था। अंग्रेजों के विरुद्ध उनके नेतृत्व में की गई देश की लड़ाई इसलिए निर्णायक हुई और देश को आजादी मिल सकी।

एक बड़ा पहलू गांधीजी के आजादी आंदोलन का यह भी था कि राजनीतिक आजादी के लिए वह सामाजिक सुधार को केंद्र में लेकर आए। सामुदायिकता की भावना का विकास किया। इसलिए मुझे यह भी लगता है कि धर्म, जातियों, समुदायों, भाषाओं, महिला-पुरुष भेद से परे उनकी दृष्टि सांस्कृतिक राष्ट्रवाद की थी। यह ऐसी सोच थी, जिसमें घृणारहित समाज की स्थायी आजादी के मूल्य निहित हैं। यही उनकी न्यायसंगत राजनीति की व्यापक दृष्टि है। उन्होंने बार-बार कहा भी है कि राजनीतिक आंदोलन बगैर सामाजिक सुधार के सफल नहीं हो सकता। इसलिए गांधीजी को किसी दल विशेष से जुड़ा नहीं कहा जा सकता। तत्कालीन परिस्थितियों में जिनका मत देश के लिए उन्हें अच्छा लगा, उसे स्वीकारा और जो उन्हें देशहित में नहीं जँचा, उससे असहमति व्यक्त करने में भी देर नहीं की। असल में गांधीजी का ध्येय अंग्रेजों की गुलामी से देश की मुक्ति तक ही सीमित नहीं था, बल्कि देश को इस रूप में पूर्ण स्वतंत्र करने के वह पक्षधर

थे कि जिसमें अंतिम पंक्ति में खड़े व्यक्ति के हित को नीति-निर्धारण में रखा जा सके। देश की विविधता में एकता को देखते हुए अंत्योदय, समानता और सभी को साथ लेकर चलने के गांधीजी के अहिंसा मार्ग में ही सांस्कृतिक राष्ट्रवाद और न्यायसंगत राजनीति में उनकी सोच को गहरे से समझा जा सकता है।

□

आजादी आंदोलन के महानायक

सुभाष चंद्र बोस ने आजाद हिंद फौज का गठन कर 'तुम मुझे खून दो, मैं तुम्हें आजादी दूँगा' जैसा नारा देकर युवाओं को राष्ट्र के लिए अपना सर्वस्व समर्पित करने का मंत्र ही नहीं दिया था, बल्कि पूरे देश की एकता के लिए भी महती कार्य किया था। आजादी आंदोलन के महानायक के रूप में 'आजाद हिंद फौज' के ध्वज के नीचे पूरे देश को एकत्र करने का विरल कार्य उन्होंने किया। मैं समझता हूँ कि स्वाधीनता संग्राम के ऐसे महानायक रूप में उन्हें याद करने की जरूरत है, जिन्होंने देश में अंग्रेजों द्वारा 'फूट डालो, राज करो' की कूटनीति को कुचलते हुए धर्मों और जातियों के साथ प्रादेशिकता का भेद मिटाते हुए राष्ट्रीयता से देश को ओत-प्रोत किया।

सुभाष चंद्र बोस युगपुरुष थे। उनका व्यक्तित्व इस रूप में सदा ही मुझे लुभाता रहा है कि कथनी और करनी में वह कोई भेद नहीं रखते थे। देश के लिए अपने अगाध प्रेम के कारण अंग्रेजों की नौकरी को उन्होंने त्याग दिया। बाद में बंगाल के देशभक्त चितरंजन दास की प्रेरणा से वे राजनीति में आए। गांधीजी के साथ असहयोग आंदोलन में भाग लेकर जेल भी गए, पर गांधी-इरविन संधि का उन्होंने विरोध किया। पर उसके मूल में राष्ट्र को तत्कालीन परिस्थितियों में शक्तिशाली बनाने की उनकी वह सोच थी, जिसमें देश को समाजवादी गणराज्य बनाने और संपूर्ण और सर्वांगीण विकास की विशुद्ध स्वतंत्रता का उनका स्वप्न निहित था। उन्होंने तब किसानों और मजदूरों को संगठित करने, नौजवानों को कठोर अनुशासन के अंतर्गत स्वयंसेवक दलों में संगठित कर जाति-प्रथा का बहिष्कार करने और विशेष रूप से महिलाओं की भागीदारी को सर्वोच्च

प्राथमिकता देते हुए कार्य करने पर जोर दिया था। अपने स्तर पर उन्होंने यह किया भी। गांधी-इरविन संधि के संबंध में उन्होंने तब कहा कि इस संधि की शर्तों के लिए जो उत्तरदायी हैं, उनकी देशभक्ति पर संदेह नहीं किया जा सकता, पर राष्ट्र की एकता और समृद्धसंपन्नता के साथ स्वतंत्रता की प्रबल माँग जरूरी है।

उनके नाम के साथ 'नेताजी' शब्द भी यों ही नहीं लगा था। इसके मूल में सबको साथ लेकर चलने का उनका वह नेतृत्व गुण था, जिसमें अगुआई करनेवाले की कथनी-करनी में लोग कोई भेद नहीं समझे। वे जो कहते थे, उसे करके ही रहते थे। देश की आजादी के लिए युवाओं में जोश जगाने के लिए ही तो उन्होंने 'तुम मुझे खून दो, मैं तुम्हें आजादी दूँगा' जैसा सशक्त नारा दिया था। पूरे देश में इससे देशप्रेम की लहर उमड़ पड़ी थी।

सुभाष चंद्र बोस आजादी के ऐसे महानायक थे, जिन्होंने युवाओं में जोश जगाते देश को अंग्रेजों की गुलामी से ही नहीं, बल्कि सभी स्तरों पर स्वतंत्र करने के लिए अपने स्तर पर कार्य किया। युवाओं को उन्होंने संदेश दिया, 'अपने जीवन के निर्माण काल में विस्तृत जीवन-क्षेत्र को देखें। उस संघर्ष के लिए तैयारी करें, जो भविष्य में आपके सामने आनेवाला है।' युवा आंदोलन की उन्होंने पाँच स्तर पर अगुआई की। ये स्तर थे—युवाओं को राजनीतिक रूप में सशक्त करना, सामाजिक और आर्थिक रूप में उनमें दायित्वबोध जगाना तथा शारीरिक और सांस्कृतिक रूप से भी सदैव उन्हें अपने स्तर पर सजग रखना।

महिला शिक्षा और विकास के साथ आजादी आंदोलन में महिलाओं की भागीदारी सुनिश्चित करने के लिए बाकायदा उन्होंने उनकी एक अलग बटालियन 'द रानी ऑफ झाँसी रेजिमेंट' भी बनाई। उनका कहना भी था, 'जब एक नारी शिक्षित होगी तो परिवार और समाज शिक्षित होगा तथा देश से कुप्रथाओं व अंधविश्वासों का अंत होगा। देश और समाज में जागरूकता तभी कायम रह सकती है, जब महिलाएँ हर क्षेत्र में आगे आएँ। आजाद हिंद फौज में महिला रेजिमेंट का उद्देश्य यही था कि महिलाएँ स्वावलंबी और मजबूत बनें।'

मुझे लगता है कि ये सुभाष चंद्र बोस ही थे, जिन्होंने देश में महिलाओं के विकास को एक नई पहचान दी थी। मैंने रंगून, मांडले और इनसीन जेल में रहने के दौरान अपने मित्रों और परिजनों को लिखे उनके पत्रों को पढ़ा है। इनमें देश

और समाज के लिए कुछ करने के साथ ही अंदर और बाहर से पवित्र रहने की उनकी व्यापक दृष्टि का पता चलता है। राजस्थान से भी उनका निकट का नाता रहा है। इतिहास की पुस्तकों का मैंने अध्ययन किया तो बहुत सारी और बातें पता चलीं। यह भी कि अर्जुनलाल सेठी और राजस्थान के दूसरे स्वतंत्रता सेनानियों की प्रेरणा सुभाष ही रहे। रियासती दौर में सीकर के चारों ओर जब तोपें तैनात कर दी गई थीं, तब सुभाष चंद्र बोस ने हस्तक्षेप किया और सीकर की जनता का पूरा साथ दिया। सीकर में इसी कारण गढ़ के सामनेवाले क्षेत्र को लोगों ने सुभाष चौक से ही संबोधित करना प्रारंभ कर दिया और आज भी यह इसी नाम से जाना जाता है।

सुभाष चंद्र बोस पूर्ण स्वराज्य के पक्षधर थे। उनके लक्ष्य का नारा था—'जय हिंद', यानी हिंदुस्तान की सभी स्तरों पर जय हो। भारतीय संस्कृति और संस्कारों से जुड़ी उनकी सोच में भारत को फिर से विश्वगुरु के रूप में स्थापित करने का स्वप्न निहित था। उनका कहना भी था कि भारत विश्वरूपी भवन के नींव का पत्थर है। इस नींव पर ही विश्व खड़ा रह सकता है। देश को आजाद कराने के साथ ही उसके सर्वांगीण विकास और विश्व भर में देश को महाशक्ति बनाने की उनकी इस सोच पर पृथक् से कार्य करने की जरूरत है। वे अंदर-बाहर से पवित्र महामानव, महानायक थे।

□

गौतम बुद्ध

धर्मचक्र प्रवर्तक भगवान् बुद्ध

बुद्ध का शाब्दिक अर्थ है—वह जिसने पूर्ण ज्ञान प्राप्त कर लिया है और जो जन्म-मरण के चक्र से मुक्त हो गया है। महात्मा बुद्ध इसलिए महात्मा या संत भर नहीं थे, बल्कि भगवान् रूप में अवतरित हुए और इस संसार के दुःखों को दूर करने का मार्ग सुझाया। उन्होंने कठोर तप किया। इसी से उन्हें बुद्धत्व प्राप्त हुआ। बुद्धत्व यानी अंतर का ज्ञान। वह प्रकाश, जिससे स्वयं ही नहीं, दूसरे भी आलोकित हों। इच्छाओं, तृष्णाओं और मोह-बंधनों से पूरी तरह से मुक्त होते बुद्ध ने इसीलिए लोगों को लड़ाइयों में विजय प्राप्त करने के बजाय स्वयं पर विजय प्राप्त करने का संदेश दिया। घृणा को प्रेम से जीतने के अर्थ हमें दिए। प्रसन्न रहने के लिए खुशियाँ बाँटने का आह्वान किया और अतीत में उलझनें, भविष्य को बेहतर करने के बजाय केवल वर्तमान पर ही ध्यान देने के उच्च आदर्शों का जीवन संदेश दिया। मुझे लगता है कि भगवान् बुद्ध के यह संदेश उनके अपने समय में ही नहीं, आज भी उतने ही प्रासंगिक हैं।

बुद्ध का एक नाम 'महाभिषक' भी था। महाभिषक यानी चिकित्सक। वह व्यक्ति, जो हमारा कष्ट दूर कर सके। भगवान् शिव का भी एक नाम 'महाभिषक' या वैद्यनाथ है। शिव का अर्थ ही है, जो अपने लिए नहीं दूसरों के लिए विष पीए। दूसरों का सारा कष्ट हर ले। बुद्ध ने अपने जीवन में यही किया। राजपाट को छोड़ बोधि की तलाश में घर से निकल पड़े। उनकी समाधिस्थ मूर्तियों में अपार करुणा हमें दिखाई पड़ती है। महर्षि अरविंद ने कहा भी है कि बुद्ध की मूर्तियों में दिखाई देनेवाली करुणा बुद्ध की साधना का वह लक्ष्य है, जिसमें व्यक्तिगत निर्वाण न होकर सर्वगत कल्याण का भाव है। यह उनके चेहरे

का वह भाव है, जो दूसरों का कष्ट देखकर उसे दूर करने हेतु उत्पन्न हुआ है।

कोविड के इस भयावह दौर में भगवान् बुद्ध और भी अधिक प्रासंगिक लगते हैं। उनके सेवा, समर्पण और त्याग के साथ दूसरों की प्रसन्नता में अपनी खुशी देखने के संदेश की ही आज इस समय में अधिक आवश्यकता है। वैशाख महीने की पूर्णिमा को बुद्ध पूर्णिमा या बुद्ध जयंती हम मनाते हैं। बुद्ध पूर्णिमा इसलिए भी बेहद महत्त्वपूर्ण है कि इस दिन वातावरण में विशेष ऊर्जा का संचार होता है। कहते हैं कि चंद्रमा पूर्णिमा को पृथ्वी और जल तत्त्व को पूर्ण रूप से प्रभावित करता है। ज्योतिषशास्त्र के अनुसार चंद्रमा पूर्णिमा तिथि के स्वामी माने जाते हैं, इसलिए बुद्ध पूर्णिमा को हर तरह की मानसिक समस्याओं से मुक्ति प्राप्त करने का दिन भी माना जाता है। भगवान् बुद्ध को पीपल के वृक्ष के नीचे सत्य के ज्ञान की प्राप्ति हुई, इसीलिए इस दिन पीपल पूजने का बड़ा महत्त्व है।

मैं यह मानता हूँ कि बुद्ध पूर्णिमा भगवान् बुद्ध की जयंती भर नहीं है। इसके गहरे निहितार्थ हैं। बुद्ध पूर्णिमा का अर्थ है—ज्ञान के ओज को नमन करने का पवित्र दिन। यह तिथि इसलिए भी पवित्र और महत्त्वपूर्ण है कि इसी दिन बुद्ध का अवतरण, आत्मज्ञान और महापरिनिर्वाण हुआ।

हमारे कुछ पुराणों में भगवान् विष्णु को ही बुद्ध का अवतार बताया गया है। सनातन धर्म की उदात्तता का इससे बड़ा उदाहरण और क्या होगा कि मनुष्य-मनुष्य में जब भेद बढ़ने लगा, वैदिक यज्ञ के नाम पर नर और पशुबलि चरम पर होने लगी, कर्मकांडों के नाम पर आम जन का शोषण बढ़ने लगा, तब स्वयं वेद रक्षक भगवान् विष्णु ने अवतार रूप में बुद्ध के रूप में अवतरित हो जीवन के आदर्श को आलोकित किया। बुद्ध चाहते थे कि संसार से सबका दुःख दूर हो। किसी को कोई कष्ट न हो। इसलिए उन्होंने कहा भी कि किसी को दुःखी देखकर दुःख करने की बजाय उसे सक्षम और सशक्त बनाया जाए। यही बोधिसत्त्व है। भगवान् श्रीकृष्ण ने गीता का उपदेश देते हुए अर्जुन से कहा था, 'बहुनां जन्मनामन्ते ज्ञानवान् माँ प्रपद्यते', अर्थात् अनेक जन्मों की ज्ञान साधना के परिणामस्वरूप ही मनुष्य ज्ञानी होकर ईश्वर को प्राप्त कर पाता है। बुद्ध के साथ यही तो हुआ था। उन्हें बोधिवृक्ष के नीचे आत्मज्ञान यानी 'बुद्धत्व' की प्राप्ति हुई। बुद्ध ने जो ज्ञान प्राप्त किया, वह अनेक बोधिसत्त्वों की, अनेक बोधिसत्त्व जीवनों

की निरंतर ज्ञान साधना के बाद ही तो हुई। इसलिए हमारे यहाँ बुद्ध भगवान् बुद्ध से जाने गए।

बुद्ध की जीवनी भी आदर्श का अनूठा उदाहरण है। कपिलवस्तु के राजा शुद्धोधन की पत्नी मायादेवी की कोख से जिस दिव्य बालक सिद्धार्थ ने जन्म लिया, उसका पालन किया विमाता गौतमी ने। गौतमी ने उन्हें पाला, इसलिए वे गौतम भी कहलाए। बुद्धत्व की प्राप्ति के बाद उनके नाम के आगे बुद्ध उपसर्ग जुड़ा। ज्ञानी होकर ईश्वर को प्राप्त करने के कारण वह भगवान् बुद्ध कहलाए। बुद्ध ने ही हमें जीवन का मध्यम मार्ग दिया। मध्यम मार्ग का अर्थ है—सभी प्रकार की अतियों से बचें। सात दिन और सात रात्रि वे वृक्ष के नीचे समाधिस्थ रहे। संकल्प यह था कि जब तक ज्ञान न प्राप्त कर लूँ, तब तक ऐसे ही ध्यानस्थ रहूँगा। आठवें दिन वैशाख पूर्णिमा को उन्हें ज्ञान प्राप्त हुआ और उसी दिन वे तथागत हो गए। जिस वृक्ष के नीचे उन्हें ज्ञान प्राप्त हुआ, वह आज भी 'बोधिवृक्ष' के नाम से विख्यात है। यह बोधिवृक्ष ही पूजनीय पीपल है।

बुद्ध ने सारनाथ में जो प्रथम धर्मोपदेश दिया था, उसे धर्मचक्र प्रवर्तन कहा जाता है। बौद्ध मान्यताओं में यही 'धम्मचक्क' है। इसका शाब्दिक अर्थ होता है—'धर्म का पहिया'। बुद्ध ने दुःखों से मुक्ति पाने एवं तथ्य-ज्ञान के साधन के रूप में अष्टांग मार्ग की शिक्षा दी। इसके सभी मार्ग 'सम्यक्' शब्द से आरंभ होते हैं। सम्यक् यानी सही। बौद्ध प्रतीकों में प्राय: अष्टांग मार्गों को धर्मचक्र की आठ ताड़ियों द्वारा निरूपित किया जाता है। भारतीय संस्कृति में भी मान्य अष्टमंगल में एक यह धर्मचक्र ही है। पुराणों में 24 ऋषि ही गायत्री की संपूर्ण शक्ति को प्राप्त कर सके। गायत्री मंत्र के 24 वर्ण इन 24 ऋषियों का प्रतिनिधित्व करते हैं। भगवद्गीता के श्लोकों में भी चक्र का उल्लेख हुआ है। बुद्ध ने अपने शिष्यों के लिए भी 24 गुण बताए। हमारे देश के राष्ट्रीय ध्वज के मध्य की पट्टी में धर्मचक्र अशोक चक्र रूप में है, 24 तीलियों के रूप में निरूपित है। यह चक्र ही प्रगति और जीवन का प्रतीक है।

भगवान् श्रीकृष्ण को जैसे 'धर्मसंस्थापक' रूप में हम मानते हैं, राम को सनातन परंपरा में 'रामो विग्रहवान् धर्मः' के रूप में पहचाना जाता है। ठीक ऐसे ही भगवान् बुद्ध को 'धर्मचक्र प्रवर्तक' के रूप में विशेष रूप से जाना जाता है।

बुद्ध इसलिए भगवान् हैं कि वे शाश्वत हैं। उनकी शिक्षाएँ भी आदर्श जीवन का संदेश हैं। उनका पूरा चिंतन इसी बात के लिए था कि संसार में सबका दुःख सदा-सदा के लिए दूर कर दिया जाए। उन्होंने अपने संदेशों में निरंतर कहा भी कि किसी के दुःख को देखकर दुःखी होने से ज्यादा बेहतर है कि उसे व्यक्ति सक्षम और सशक्त बनाएँ। सनातन परंपरा में भगवान् का अर्थ ही है, जो हमारे कष्ट हरे, दुःख दूर करे। इसलिए शिव, राम, कृष्ण, बुद्ध और महावीर को पंचपरमेश्वर कहें तो कोई अतिशयोक्ति नहीं होगी।

□

मुखर राष्ट्रवादी महाराणा प्रताप

महाराणा प्रताप को मैं हमारे देश का प्रथम स्वतंत्रता सेनानी योद्धा मानता हूँ। स्वाधीनता संघर्ष के वे ऐसे नायक थे, जिन्होंने अपनी मातृभूमि की आजादी के लिए राजपाट का वैभव त्यागकर अरावली की घाटियों और दुर्गम वनों में रहना स्वीकार किया। राष्ट्र की आजादी की शर्तों पर उन्होंने कभी अपना सिर नहीं झुकाया।

महाराणा प्रताप की आजादी का संघर्ष मामूली नहीं था। यह एक ऐसे राणा का संघर्ष था, जिसमें आदिवासी और वनवासी भीलों के साथ रहते, उन्हीं की तरह जीवन जीते मुगलों से हर मोर्चे पर युद्ध ही नहीं लड़े गए, बल्कि उन्हें बार-बार परास्त भी किया गया। पूरे 25 वर्ष वे अकबर की बड़ी संख्या में भेजी जानेवाली सेना से संख्या में बहुत कम अपने बहादुर सैनिकों के साथ लड़ते रहे। पर उनकी विरल संगठन शक्ति, शिवाजी की तरह छापामार रणनीति और शत्रु को बल की बजाय हतोत्साहित करते हुए उनके पैर उखाड़ने की तकनीक ने उन्हें सदा युद्ध में अग्रणी रखा।

आजादी के संघर्ष के दिनों में लाला लाजपत राय ने कभी कहा था कि भारत की स्वतंत्रता के लिए युवाओं को तैयार करना है तो उन्हें वीर शिरोमणि महाराणा प्रताप जैसे इतिहासनिर्माता से प्रेरणा लेनी होगी। उनके इस कथन के आलोक में यह कहना अतिशयोक्ति नहीं होगा कि महाराणा प्रताप प्रखर राष्ट्रवाद के अप्रतिम उदाहरण थे। मैं यह भी मानता हूँ कि अपनी मातृभूमि मेवाड़ की स्वतंत्रता के लिए किया उनका संघर्ष साम्राज्यवाद और स्वाधीनता का वह संवैधानिक आधार लिये था, जिसमें राष्ट्र-प्रेम, स्वाभिमान को गहरे से अनुभूत किया जा सकता है। चाहते तो वे भोग-विलास का जीवन जी सकते थे। अकबर उनकी वीरता पर

स्वयं अभिभूत था। वह उन्हें अपने अधीन मेवाड़ का राजा बने रहने देना चाहता था, पर राणा को यह स्वीकार नहीं था। इतिहास गवाह है, उन्होंने अकबर को यह स्पष्ट संदेश दिया था कि जो धरती उसकी है ही नहीं, उसका अधिकार उसे क्यों मिले? इसलिए मेवाड़ के बहाने राष्ट्र की स्वाधीनता के लिए जन-जन में उन्होंने जोश जगाते राष्ट्र के प्रति स्वाभिमान का झंडा एक तरह से बुलंद किया।

महाराणा प्रताप के स्वाधीनता संघर्ष की बड़ी बात थी—उनका नैतिक और चारित्रिक बल। अपनी प्रजा और सैन्य बल में उन्होंने स्वाधीनता के नैतिक मूल्यों को अधिक महत्त्व दिया। उनकी कथनी और करनी में कोई भेद नहीं था। इसलिए उन्होंने यह संदेश विशेष रूप से जनता में दिया कि यह लड़ाई उनकी अपनी नहीं, मातृभूमि से प्रेम करनेवाले सभी लोगों की है। इसलिए उन्होंने मेवाड़ के पूर्ण स्वतंत्र न होने तक राजसी वैभव को त्यागने और सोने-चाँदी के बरतनों में भोजन नहीं करने की सार्वजनिक प्रतिज्ञा ली। बाकायदा प्रजा को डोंडी पिटवाकर इसकी सूचना भी दी गई। स्वाभाविक ही था कि इससे प्रजा तन और मन से स्वाधीनता के संघर्ष में उनके साथ हो गई। अकबर की भारी सेना से लड़ने के लिए उन्होंने आम जन के साथ ही भीलों और आदिवासियों को भी अपने बूते पर संगठित किया। अकबर के खिलाफ नहीं, बल्कि मातृभूमि की स्वतंत्रता के लिए संघर्ष का नाद करते हुए उन्होंने स्वयं जाकर भीलों से मित्रता करके सहयोग माँगा। उन्हें यह सहयोग भरपूर मिला भी। पहाड़ों में, गुप्त गुफाओं में इसलिए वनवासी लोगों ने महाराणा प्रताप के गुप्तचर, सैनिक और प्रहरियों के रूप में उनका निरंतर साथ दिया। उन्होंने राजपूत राव राजाओं, साथी सरदारों से भी परस्पर वैर-भाव भुलाकर मैत्रीपूर्ण संबंध बनाते हुए उन्हें आनेवाले संकट के लिए जागरूक किया। बूँदी, डूँगरपुर, बाँसवाड़ा, रणथंभौर के चौहानों, इडर तथा सिरोही के देवड़ा और कुछ अन्य राव-रावलों से उनके बनाए निकट के संबंधों को इसी परिप्रेक्ष्य में देखा जा सकता है।

मुझे लगता है, राष्ट्र के प्रति प्रतिबद्ध होकर संघर्ष करते अपना सर्वस्व न्योछावर करने की प्रेरणा किसी राष्ट्र नायक ने हमारे देश में दी है तो वे महाराणा प्रताप ही हैं। उनका उदात्त जीवन-चरित्र भी साथी सरदारों को सदा प्रेरित करता था। सभी जानते हैं, मानसिंह अकबर के प्रमुख सिपहसालार हो गए थे। स्वाभाविक ही था कि राणा के वे सबसे बड़े शत्रु थे। एक दफा आखेट के

लिए केवल कुछ सिपाहियों के साथ वे महाराणा प्रताप की पकड़ में आ गए। चाहते तो वह मानसिंह पर आक्रमण कर उन्हें उसी समय मार सकते थे, परंतु उन्होंने ऐसा नहीं कर अपनी उदारता का परिचय देते हुए उन्हें छोड़ दिया। इसके जरिए उन्होंने राजपूत राव राजाओं में यह संदेश भी दिया कि परस्पर लड़ाई छोड़ मातृभूमि के लिए सभी को एक होकर लड़ना चाहिए।

महाराणा प्रताप चारित्रिक रूप से अत्यंत सुदृढ़ थे। नारी जाति के प्रति उनके मन में सहज सम्मान था। इतिहास में उनके बारे में लिखे से बार-बार यह अनुभूत किया है। एक बार कुँअर अमरसिंह शेरपुर का मोर्चा तोड़कर युद्ध में बंदी बनाए गए सैनिकों के साथ अब्दुल रहीम खान-ए-खाना की स्त्रियों को भी पकड़कर ले आए थे। महाराणा प्रताप को यह जानकारी जब मिली तो वे बहुत नाराज हुए। उन्होंने पकड़ी गई महिलाओं और बच्चों को तुरंत मुक्त करने की आज्ञा देते हुए उन्हें अब्दुल रहीम खान-ए-खाना के शिविर में ससम्मान भेजे जाने की हिदायत दी। अब्दुल रहीम खान-ए-खाना राणा के इस उदार चरित्र से इतने प्रभावित हुए कि उन्होंने मेवाड़ के विरुद्ध अपने वैमनस्य को सदा के लिए दूर कर उनसे शत्रुता का भाव छोड़ दिया। महाराणा ऐसे ही थे, अपने उदात्त जीवन-मूल्यों से सभी को अपना बना लेनेवाले।

दरअसल अकबर अपनी साम्राज्यवादी महत्त्वाकांक्षा के चलते पूरे मेवाड़ पर अपना आधिपत्य करना चाहता था। उसका प्रभाव इतना अधिक था कि मेवाड़ के आसपास की रियासतों के सभी राजा अकबर की शरण में चले गए थे। स्वयं महाराणा प्रताप का भाई जगमाल अजमेर के मुगल सूबेदार की शरण में चला गया था। बाद में एक और भाई शक्तिसिंह भी अकबर के दरबार में चला गया। महाराणा प्रताप को भी बार-बार संदेश दिया गया कि उन्हें कुछ नहीं करना, शासक वे ही बने रहेंगे, बस मुगल अधीनता वह स्वीकार कर ले, पर राणा को यह कभी मंजूर नहीं हुआ। उनका संघर्ष मुगलों से नहीं, साम्राज्यवाद की उस सोच से था, जिसमें अकबर पूरे राष्ट्र को अपने अधीन करना चाहता था। इसलिए महाराणा प्रताप ने अपनी वीरता और साहस से पूरे देश में प्रखर राष्ट्रवाद का शंखनाद किया। मातृभूमि से प्रेम की उनकी लड़ाई भारतीय इतिहास में इसलिए तो आज भी आदर्श का अनुपम उदाहरण है। □

सामाजिक जनतंत्र की उदात्त दृष्टि

बाबा साहेब आंबेडकर के चिंतन और उनकी उदात्त दृष्टि पर जब भी मन जाता है, सामाजिक जनतंत्र के लिए किए उनके कार्य जेहन में कौंधने लगते हैं। यह महज संयोग ही नहीं है कि संविधान सभा की आखिरी बैठक जब हुई तो बाबा साहेब आंबेडकर ने सामाजिक जनतंत्र को ही केंद्र में रखते हुए अपना उद्बोधन दिया था। उनका कहना था कि जाति-प्रथा और लोकतंत्र साथ-साथ नहीं रह सकते। इसलिए भारतीय संविधान में ऐसे नियमों की पहल हुई, जिनमें देश में किसी भी हिस्से में रहनेवाले नागरिकों के लिए जातीय और भाषायी आधार पर कोई भेदभाव न हो।

मैं यह मानता हूँ कि किसी भी राष्ट्र का निर्माण उसकी परंपराएँ, संस्कृति, धर्म, जातियाँ और भाषाएँ मिलकर ही करती हैं, इसलिए राष्ट्रवाद में संकीर्णता का कहीं कोई स्थान नहीं है। संविधान सभा में प्रारूप के प्रावधानों और उनके औचित्य को सिद्ध करने का मुख्य कार्य डॉ. आंबेडकर और अन्य 'प्रारूप समिति' सदस्यों पर ही था। अपने सुयोग्य सहयोगियों के साथ मिलकर संविधान का जो प्रारूप उन्होंने बनाया, उसमें देश की परंपराओं, आस्था और विश्वास को एक तरह से उन्होंने स्वर दिया। पर इसमें मूल बात यही थी कि प्रथमत: देश के सभी नागरिक भारतीय हैं और बाद में उनकी कोई और पहचान है।

संविधान सभा में डॉ. आंबेडकर के दिए वक्तव्यों की गहराई में जाएँगे तो यह भी पाएँगे कि वहाँ राजनीति, कानून, इतिहास, दर्शन का अपूर्व संगम है। किसी एक जाति नहीं, सभी का समानता का भाव है। नवंबर 1948 में संविधान के प्रारूप पर विचार करने के लिए उन्होंने अपना प्रस्ताव रखते हुए कहा था कि

हमने भारत वर्ष को राज्यों का संघ नहीं, बल्कि एक संघ राज्य कहा है। मैं यह मानता हूँ कि डॉ. आंबेडकर भारत में सामाजिक विभक्तीकरण से चिंतित थे, इसलिए उन्होंने कहा कि लोकशाही को हम बनाना चाहते हैं तो हमें अपनी राह के रोड़ों को पहचानना ही होगा, क्योंकि जनतंत्र में जनता की निष्ठा की नींव पर ही संविधान का भव्य महल खड़ा हो सकता है।

मुझे लगता है कि डॉ. आंबेडकर के विचार वास्तविक रूप में उस राष्ट्रवाद से ही जुड़े हैं, जिनमें व्यक्ति और व्यक्तियों के बीच जाति, वर्ण और धर्म में किसी तरह का कोई भेद नहीं है। देश का हर नागरिक सिद्धांत: समान है। समाज-व्यवस्था और सामाजिक सोच के अंतर्गत हम सभी में समरसता है। इसी से हमारा राष्ट्र अनेकता में भी एकता का उत्कृष्ट उदाहरण है। भारतीय संविधान की उद्देशिका में भी इसलिए समस्त नागरिकों के लिए समता तथा बंधुता की बात कही गई है।

डॉ. आंबेडकर ने इस दृष्टि से भारतीयता को भी अपने चिंतन में व्यापक परिप्रेक्ष्य में व्याख्यायित किया है। राष्ट्र-निर्माण के लिए उन्होंने भूमि, वहाँ के समाज और श्रेष्ठ परंपराओं को महत्त्व देते हुए इस बात पर भी जोर दिया कि राष्ट्र कोई भौतिक इकाई नहीं है। राष्ट्र भूतकालीन लोगों द्वारा किए गए सतत प्रयासों, त्याग और देशभक्ति का परिणाम है। उन्होंने राष्ट्र को जीवंत बताते हुए कहा भी कि राष्ट्रीयता सामाजिक चेतना है और इसी से व्यक्ति एक-दूसरे के निकट आता है। बंधुता की भावना इसी से विकसित होती है। इसमें संकीर्णता के विचार सबसे बड़ी बाधा हैं। उन्होंने स्पष्ट कहा कि मैं चाहता हूँ कि भारत के सभी लोग अपने आप को भारतीय और केवल भारतीय समझें। यदि किसी कारण से ऐसा नहीं हो पाता है तो हम यह सबसे बड़ा पाप कर बैठेंगे और मैं हमेशा अपने सामर्थ्य के साथ इसका विरोध करता रहूँगा।

बतौर भारतीय संविधान शिल्पी डॉ. आंबेडकर ने फ्रेंच रिवोल्यूशन से तीन शब्द लिये—लिबर्टी, इक्वलिटी और फैटर्निटी। संविधान के मूल में सम्मिलित इन शब्दों ने उनके राजनीतिक और सामाजिक जीवन-दर्शन को भी गहराई से प्रभावित किया, इसलिए संविधान के मूल अधिकारों में अनुच्छेद 14 से 18 के माध्यम से समानता के अधिकार की व्याख्या है। इसी संबंध में संविधान के

अनुच्छेद 19 से 22 के माध्यम से स्वतंत्रता का अधिकार दिया गया है और अनुच्छेद 23 और 24 में शोषण के विरुद्ध अधिकार दिया गया है। महत्त्वपूर्ण तथ्य यह भी है कि अनुच्छेद 19 (2) में अभिव्यक्ति की स्वतंत्रता के अधिकार में किसी भी जाति, वर्ग या समुदाय के विरुद्ध अनर्गल अभिव्यक्ति को बाधित किया गया है। संविधान के अंतर्गत इसमें किसी भी तरह देश की सुरक्षा, संप्रभुता और अखंडता को नुकसान नहीं होना चाहिए। इन तीन चीजों के संरक्षण के लिए अगर कोई कानून है या बन रहा है तो उसमें भी बाधा नहीं आनी चाहिए। अनुच्छेद 25 से 28 के माध्यम से भारतीय संविधान में धार्मिक स्वतंत्रता का अधिकार दिया गया है। मैं यह मानता हूँ कि विश्व भर के संविधानों में यह भारतीय संविधान ही है, जिसमें इस तरह से मूल अधिकारों की विशद् व्याख्या की गई है।

डॉ. आंबेडकर का चिंतन इसलिए भी गहरे से प्रभावित करता है कि उन्होंने लगभग सभी क्षेत्रों में मौलिक दृष्टि रखते हुए अपने आप को आगे बढ़ाया। महिला शिक्षा से जुड़े उनके चिंतन पर जाएँगे तो यह भी लगेगा कि महिलाओं को नौकरियों में आरक्षण की पहल के वे एक तरह से पहले सूत्रधार थे। बंबई की महिला सभा को संबोधित करते हुए कभी उन्होंने कहा भी था कि नारी राष्ट्र की निर्मात्री है, हर नागरिक उसकी गोद में पलकर बढ़ता है, नारी को जाग्रत् किए बिना राष्ट्र का विकास संभव नहीं है। उनके इस विचार आलोक की गहराई में जाएँगे तो यह भी पता चलेगा कि भारतीय संदर्भ में संभवत: वे पहले ऐसे अध्येता थे, जिन्होंने जातीय संरचना में महिलाओं की स्थिति को जेंडर की दृष्टि से समझने की कोशिश की। बाकायदा इसके लिए महिला अधिकारों की पैरवी भी की। उनका मूल दृष्टिकोण यही था कि कैसे समाज में सभी स्तरों पर समानता की स्थापना हो, इसलिए उन्होंने समाज को श्रेणीविहीन और वर्णविहीन करने पर निरंतर जोर दिया। उनका यह कहा तो सदा ही मन को आलोकित करता है कि 'क्रांति लोगों के लिए होती है, न कि लोग क्रांति के लिए होते हैं।'

डॉ. आंबेडकर विराट् व्यक्तित्व के थे, इसलिए उन्हें किन्हीं संकीर्णताओं में आबद्ध करना, उनके व्यक्तित्व को कमजोर करने का प्रयास है। मैं तो बल्कि यह भी मानता हूँ कि किसी विशेष वर्ग, जाति से उन्हें जोड़कर देखना भी बौद्धिक दरिद्रता है। वे उदात्त दृष्टि के महापुरुष थे। राष्ट्र के सर्वांगीण विकास से जुड़े

उनके चिंतन और राष्ट्र-निर्माण में उनकी जो भूमिका रही है, उसमें सभी को समान देखे जाने की उदात्त सोच को व्यापक अर्थों में व्याख्यायित किए जाने की भी जरूरत है। इस बात को भी समझे जाने की जरूरत है कि संविधान में अनुच्छेद-370 भी उनकी इच्छा के विरुद्ध जोड़ा गया, जिसे आजादी के 72 वर्षों के बाद वर्तमान प्रधानमंत्री श्री नरेंद्र मोदी और गृहमंत्री श्री अमित शाह की दृढ़ इच्छाशक्ति और संकल्प से हटाया गया है। उनके समग्र चिंतन और दृष्टि को एकांगी दृष्टि से देखने के बजाय समग्रता से और गहराई से उस पर विचार करने की जरूरत है।

डॉ. आंबेडकर के विचारों की समग्रता में जाएँगे तो यह भी लगेगा कि देश की एकता और अखंडता के साथ समानता के बीज वहाँ पर हैं। समानता और न्याय के साथ 'बहुजन हिताय, बहुजन सुखाय' का उनका दर्शन इसलिए आज भी प्रासंगिक है और आनेवाले कल में भी यह प्रासंगिक रहेगा।

□

'एकात्म मानववाद' के सूत्रधार

पं. दीनदयाल उपाध्याय बहुआयामी प्रतिभा के धनी थे। उनमें शिक्षाविद्, राजनीतिज्ञ, प्रखर वक्ता, लेखक एवं पत्रकार के गुण कूट-कूटकर भरे थे। विश्व में प्रचलित अनेक वादों के ऊपर एक नया वाद उन्होंने भारत को दिया। उनका यह सर्वांगपूर्णवाद था—'एकात्म मानववाद' का सिद्धांत। यह व्यावहारिक और दार्शनिक सिद्धांत है। मानव को संपूर्णता और समग्रता में देखने का एक तरह से यह पं दीनदयाल उपाध्याय का दिया मंत्र है।

दीनदयाल उपाध्यायजी आरंभ से ही राष्ट्रीय स्वयंसेवक संघ के प्रचारक थे। वर्ष 1950 में जब भारतीय जनसंघ का गठन हुआ तो वे जनसंघ का कार्य देखने लगे। डॉ. श्यामाप्रसाद मुकर्जी ने तब कहा था, यदि मुझे दीनदयाल उपाध्याय जैसे चार कार्यकर्ता मिल जाएँ तो मैं देश की राजनीति बदल सकता हूँ।

मैं यह मानता हूँ, उपाध्यायजी जोड़ने की कला में माहिर थे। शायद यही कारण था कि जब जनसंघ की स्थापना के 2 वर्ष के भीतर ही डॉ. मुकर्जी की श्रीनगर में संदिग्ध हालात में मृत्यु हो गई तो बहुत लोगों को लगता था कि अब जनसंघ चल नहीं पाएगा, तो दीनदयालजी ने इस आशंका को निर्मूल सिद्ध किया और जनसंघ प्रगति पथ पर बढ़ने लगा। दीनदयाल उपाध्याय राममनोहर लोहिया के साथ मिलकर देश की राष्ट्रवादी शक्तियों का एक मंच तैयार करना चाहते थे। दीनदयालजी ने राष्ट्रवादी शक्तियों के लिए जो आधारभूमि तैयार कर दी थी, उसी का सुफल था कि बीसवीं शताब्दी के अंत तक राष्ट्रवादी शक्तियाँ देश की राजनीति की धुरी में स्थापित हो गईं।

दीनदयालजी की प्रसिद्धि का एक और कारण भी रहा। जब उन्होंने एकात्म मानववाद की अवधारणा दी तो उस पर खूब चर्चा हुई। विश्वविद्यालयों में, बौद्धिक संस्थानों में यह गरमागरम बहस का विषय बना। सहमत होना या न होना अलग बात थी, लेकिन एकात्म मानववाद की अवहेलना करना बौद्धिक जगत् के लिए मुश्किल था। दीनदयाल उपाध्याय ने मानव व्यवहार, व्यक्ति और समाज, मानव विकास के मौलिक प्रश्नों पर चिंतन करके एकात्म मानववाद की अवधारणा स्थापित की थी। दरअसल मानव को लेकर विश्व भर के चिंतकों में आदिकाल से चिंतन होता रहा है। सभी चिंतक मानव के विकास और उसके सुख के लिए समर्पित होने का दावा करते हैं, लेकिन इस दिशा में चिंतन करने से पहले यह भी जरूरी है कि मानव के मन को समझ लिया जाए। यदि मानव के मन की ठीक समझ आ जाए, तभी तो उसके सुख व विकास के लिए रास्ते तय किए जा सकते हैं। यह काम पश्चिम में भी होता रहा है और भारत में भी।

पश्चिम ने मानव मन को समझने का दावा किया। ऐसे चिंतकों ने यह निष्कर्ष निकाला कि मनुष्य सामाजिक प्राणी है। वह अकेला नहीं रह सकता, उसका सुख-दुःख समाज के सुख-दुःख से जुड़ा हुआ है। दूसरे चिंतकों ने इसे अमान्य किया। उन्होंने निष्कर्ष निकाला कि मनुष्य वास्तव में आर्थिक प्राणी है। उसकी सामाजिकता भी तब तक ही है, जब तक इससे उसके आर्थिक हितों की पूर्ति होती है। जीवनयापन के लिए जो बुनियादी जरूरतें हैं, उन्हीं की प्राप्ति मनुष्य का लक्ष्य है और इसी से उसे सुख मिलता है। पश्चिम के कुछ चिंतकों ने इसे भी नकार दिया। उनके अनुसार मानव व्यवहार वस्तुतः काम से संचालित होता है, बाकी सब चीजें गौण हैं। पश्चिमी चिंतकों के ये निष्कर्ष ठीक हो सकते हैं, परंतु सब मिलकर ठीक हैं, एकांगी ठीक नहीं है, परंतु पश्चिमी चिंतक इस बात को स्वीकार करने के लिए तैयार नहीं हैं। इसलिए उन्होंने मानव शास्त्र के जितने सिद्धांत गढ़े, वे सभी किसी एक कारक को प्रमुख मानकर ही गढ़े।

पूँजीवाद और साम्यवाद की अवधारणाएँ वस्तुतः भौतिक कारकों को आधार बनाकर गढ़ी गईं। इन अवधारणाओं और सिद्धांतों से जिस प्रकार का नुकसान हो सकता था, पश्चिम उसको भोग रहा है।

दीनदयाल उपाध्याय ने एकात्म मानववाद की जो अवधारणा स्थापित की, वह भारत के युगयुगीन सांस्कृतिक चिंतन पर आधारित है। उपाध्यायजी मानते थे कि समाजवाद, पूँजीवाद या फिर साम्यवाद, एक शब्द में कहना हो तो अर्थवाद या भौतिकवाद मूलत: भटकाव ज्यादा पैदा करता है और समाधान कम देता है। पूँजीवाद या फिर साम्यवाद के निश्चित खाँचों में फिट होने के लिए मानव नहीं है। मूल अवधारणा मानववाद की होनी चाहिए और बाकी सभी वाद या सिद्धांत मानव को केंद्र में रखकर ही रचे जाने चाहिए। लेकिन पश्चिम में इसके विपरीत हो रहा है। अर्थवाद के प्रणेताओं ने सिद्धांत गढ़ लिये हैं और अब मानव को विवश कर रहे हैं कि इन काल्पनिक सिद्धांतों के आधार पर स्वयं को ढालें।

मानववाद या मानव के विकास को खंड-खंड करके नहीं देखा जा सकता, उसके लिए एकात्म दृष्टि चाहिए। मानव को सभी प्रकार की वस्तुओं की दरकार है। उसे समाज भी चाहिए, बुनियादी जरूरतों की पूर्ति भी चाहिए, काम के क्षेत्र में संगीत-साहित्य-कला भी चाहिए। परंतु ध्यान रखना चाहिए कि उसे यह सब एक साथ ही चाहिए। शायद इसलिए दीनदयाल उपाध्यायजी ने मानव के विकास अथवा मानववाद के रास्ते को एकात्म कहा है। एकात्म मानववाद मानव के संपूर्ण विकास की बात करता है। दीनदयाल उपाध्याय इसे पुरुषार्थ चतुष्ट्य की पुरातन भारतीय अवधारणा से समझाते थे। भारतीय चिंतकों ने चार पुरुषार्थों की चर्चा की है—धर्म, अर्थ, काम, मोक्ष। परंतु ये चारों पुरुषार्थ अलग-अलग नहीं हैं। परस्पर गुंफित हैं। अर्थ और काम की साधना तो मनुष्य करेगा ही, लेकिन इन दोनों क्षेत्रों में कर्म करने के लिए धर्म की सीमा-रेखा निश्चित है। एक बात और ध्यान में रखनी होगी कि सभी प्रकार के पुरुषार्थों की साधना करते हुए मानव जीवन का कोई-न-कोई लक्ष्य भी होना चाहिए। भारतीय चिंतकों ने इसी लक्ष्य को मोक्ष कहा है।

एकात्म की अवधारणा को समझाने के लिए दीनदयालजी संबंधों का एक और उदाहरण दिया करते थे। एक ही व्यक्ति एक साथ कई संबंधों को निभाता है। वह एक साथ ही पिता है, भाई है, बेटा है। ये सभी संबंध एक-दूसरे से जुड़े हुए हैं। यही मानव प्रकृति की एकात्मकता है। मनुष्य शिशु होता

है, फिर जवान होता है और अंत में बूढ़ा होता है, लेकिन मनुष्य की ये तीनों अवस्थाएँ एक संपूर्ण इकाई बनती हैं। पश्चिम ने शायद मानव की इस संपूर्णता को अनदेखा किया और उसे खंडित नजरिए से देखकर विकास के मॉडल तैयार किए। दीनदयाल उपाध्याय ने इन्हीं मॉडलों के विकल्प में मानव विकास का भारतीय मॉडल दिया, जिसे बौद्धिक समाज में एकात्म मानववाद के नाम से जाना जा रहा है।

एकात्म मानववाद की अवधारणा में दीनदयाल उपाध्याय ने आज के एकांगी विकास मॉडलों की दुखती रग पर हाथ रखा है। मनुष्य जो भी क्रियाएँ करता है और जिस प्रकार के भी विकास मॉडलों को लागू करता है, उन सभी का अंतिम उद्देश्य तो सुख या संतुष्टि प्राप्त करना ही है।

अर्थवादी यह समझते हैं कि ज्यादा भोग से ही सुख मिलता है, परंतु दीनदयालजी ने उदाहरण देकर कहा कि सुख मन की स्थिति पर निर्भर करता है। इसलिए विकास की समग्र अवधारणा का समर्थन किया, जिसमें मन, बुद्धि और शरीर तीनों के विकास का समन्वय हो।

आज जब भोगवादी विकास के सिद्धांतों से दुनिया भर में सुख क्षीण हो रहा है, संसाधनों के अनुचित प्रयोग से मानव के अस्तित्व पर ही संकट आ गया है, तब दीनदयाल उपाध्याय की एकात्म मानववाद की प्रासंगिकता और भी बढ़ गई है।

महान् विचारक एवं युगपुरुष पं. दीनदयाल उपाध्यायजी ने अपनी जिंदगी लोगों की सेवा में समर्पित कर दी। पंडितजी के आदर्शों को आत्मसात् कर समाज-सेवा में सक्रिय भागीदारी निभाकर ही हम उन्हें सच्ची श्रद्धांजलि दे सकते हैं। पंडितजी की सादगी से भरी भारतीय मूल्य आधारित जीवन-शैली हम सभी के लिए प्रेरणास्रोत है।

उनका राष्ट्रहित और व्यक्ति-निर्माण पर गहन सामाजिक चिंतन था। पंडितजी का मानना था कि मानव का सामाजिक, आर्थिक और राजनीतिक जीवन होता है। भारतीय दृष्टि के अनुसार मानव शरीर, मन, बुद्धि और आत्मा चारों का समुच्चय है। इन चारों की अपनी-अपनी आवश्यकताएँ हैं, जिनकी पूर्ति के लिए व्यक्ति को पुरुषार्थ करना पड़ता है। समाज से सहज प्राप्ति की

व्यवस्था सुनिश्चित करनी होती है, यही एकात्म मानववाद है।

हर पेट को रोटी मिले, हर हाथ को काम मिले और हर खेत को पानी मिलना चाहिए। ऐसी प्राथमिकताएँ ही समाज को आगे बढ़ाती हैं तथा लोगों के बीच सुख और शांति की स्थापना होती है। पं. दीनदयालजी प्रगतिशील विचारक थे। वे सदैव जमीन से जुड़े रहे।

□

राष्ट्रीय सुरक्षा एवं पं. दीनदयाल उपाध्याय

किसी भी राष्ट्र व राज्य के लिए राष्ट्रीय सुरक्षा का विषय, राष्ट्रहित की सूची में सर्वोपरि व महत्त्वपूर्ण होता है। आम आदमी के लिए तो राष्ट्रीय सुरक्षा ही राष्ट्रहित का पर्याय है, जिसका अर्थ है—वह देश की भौगोलिक सीमाओं की रक्षा के द्वारा एकता और अखंडता को निरापद रखना समझता है। राष्ट्रीय सुरक्षा की पारंपरिक परिभाषा इसे सैनिक और सामरिक आयाम तक ही सीमित रखती थी। इस सोच को पुष्ट करने का कारण यह रहा है कि एकता, अखंडता और भौगोलिक सीमाओं को आक्रमणकारी उल्लंघन से मुक्त रखने में असमर्थ कोई भी राज्य अपने को संप्रभु नहीं मान सकता। यदि वह अपने अधिकार क्षेत्र में मानचित्र पर दर्शित उस भूभाग पर, जिसे राष्ट्र-राज्य के रूप में पहचाना जाता है, अपनी सत्ता को एकच्छत्र नहीं रख सकता तो उसे पराधीन ही समझा जाता है।

यह बात अकसर अनदेखी रह जाती है कि आखिर महत्त्वपूर्ण समझी जानेवाली यह सैनिक और सामरिक सुरक्षा आखिर क्यों इतनी महत्त्वपूर्ण है? हकीकत यह है कि राष्ट्र-राज्य की सीमा के भीतर घरेलू राजनीति में अपनी इच्छानुसार आर्थिक नीतियाँ लागू करने के लिए, राजनीतिक प्रणाली चुनने के लिए और सामाजिक संगठन को सुव्यवस्थित रखने के लिए जिस स्वायत्तता की दरकार होती है, उसी के लिए किसी भी भूभाग विशेष में संप्रभु आधिपत्य आवश्यक है। इनके आर्थिक, सामाजिक तथा सांस्कृतिक राष्ट्रीय हितों की हिफाजत, सैनिक सामरिक सुरक्षा के माध्यम से करने का प्रयत्न राष्ट्रहित समझा जाता है। यह बात दोहराने लायक है कि राष्ट्रीय सुरक्षा के आर्थिक और सामाजिक पहलू सैनिक पक्ष से कम महत्त्वपूर्ण नहीं समझे जा सकते।

कुछ विद्वानों का मानना है कि यह बात सामरिक शब्द में अंतर्निहित है। वाल्टर नामक विद्वान् ने एक बड़ी सारगर्भित टिप्पणी करते हुए यह बात स्पष्ट की है कि एक राष्ट्र को तभी तक सुरक्षित समझा जा सकता है, जब तक उसे अपने आधारभूत मूल्यों की कुरबानी के लिए बाध्य नहीं किया जा सकता। इन मूल्यों को, जो उसके अस्तित्व के साथ जुड़े हैं और उसकी राष्ट्रीय पहचान का हिस्सा हैं, चुनौती दिए जाने पर उसमें यह सामर्थ्य होनी चाहिए कि युद्ध को नकारने की स्थिति में इनमें किसी तरह के समझौते की जरूरत न पड़े और युद्ध की स्थिति में (इनकी रक्षा हेतु) उसकी विजय सुनिश्चित हो। राष्ट्रीय सुरक्षा का यह अमूर्त पक्ष सबसे कम समझा जाता है और संभवत: यही सबसे अधिक महत्त्वपूर्ण है।

आज जब देश को अस्थिर और विघटित करने के लिए कई शक्तियाँ काम कर रही हैं, तब यदि हमने इस समस्या से निपटने के लिए उचित चिंतन-मनन नहीं किया तो गंभीर खतरों का सामना करना पड़ सकता है। हमें इस समस्या से दुनिया को भी चेताना है, जिससे कि भारत और विदेशों में काम करनेवाली ब्रेक इंडिया फोर्सेस का एक स्थापित वर्गीकरण कर सके।

सभ्यता और संस्कृति हमें एक साझा पहचान देती है, एक साझा ऐतिहासिक विरासत और एक भविष्य देती है। हमें यह बोध देती है कि हमारा देश और यह संस्कृति इस योग्य है, जिसे बचाने के लिए संघर्ष किया जाए। एक सभ्यता को तोड़ना एक व्यक्ति की रीढ़ की हड्डी को तोड़ने जैसा है। एक टूटी हुई सभ्यता टुकड़े-टुकड़े होकर बिखर सकती है और एक पूरे क्षेत्र को गहरे अंधकार में धकेल सकती है।

क्या भारतीय सभ्यता में इस तरह टूटने की प्रवृत्ति है? और वे कौन सी शक्तियाँ हैं, जो इसे तोड़ने का प्रयास कर रही हैं। वे बाहरी ताकतें हैं या अंदरूनी? या दोनों? वे कहाँ उपजती हैं, कैसे बढ़ती हैं? उन्हें कौन चलाता है? भारत को जोड़कर रखनेवाली केंद्रीय शक्तियाँ कौन सी हैं? आर्थिक विकास, व्यापारिक और औद्योगिक विकास और बेहतर लोकतांत्रिक शासन, इनके बारे में बहुत-कुछ लिखा और कहा जा रहा है, पर भारत को तोड़ने की शक्ति रखनेवाली आंतरिक और बाहरी विकेंद्रीय शक्तियों के बारे में कम चर्चा हो रही है।

किंतु देश को तोड़नेवाली बाहरी शक्तियाँ ज्यादा जटिल हैं और वे हमारी आंतरिक दरारों से एक समीकरण बना रही हैं। एक विश्वव्यापी तंत्र है, जो इन आंतरिक शक्तियों को नियंत्रित कर रहा है। पाकिस्तान हमारे यहाँ अव्यवस्था फैलानेवाला अकेला नहीं है; चीन का माओवादियों से संबंध या यूरोप और अमेरिका की धर्मांतरण करनेवाली ताकतें ही अलगाववाद नहीं फैला रहीं; यह सब तो है ही, पर इससे कहीं ज्यादा इन सभी विभाजनकारी शक्तियों का एक गहरा और जटिल अंतर्संबंध है।

पं. दीनदयाल उपाध्याय मार्ग

अंतर्संबंध में पं. दीनदयाल उपाध्याय का मार्ग मानवता का आलोक मार्ग है। उनके दर्शन की गहराई में जाएँगे तो यह भी लगेगा, वे 'एकात्म मानववाद' के अंतर्गत उदात्त जीवन-मूल्यों के प्रबल पक्षधर थे। उनके विचारों के आलोक को संक्षिप्त में देखें तो राष्ट्र की सुरक्षा से जुड़े सवालों के जवाब भी हमें मिल जाएँगे।

राष्ट्र देवो भवः

दीनदयालजी ने कहा कि देश की एकता और अखंडता के प्रश्न पर कोई समझौता नहीं हो सकता। देश की एकता और अखंडता हमारी श्रद्धा का विषय है, उसकी प्राप्ति के लिए हम कोई भी प्रयत्न करेंगे। उन्होंने 'राष्ट्र देवो भवः' की बात कही—हमारा राष्ट्र हमारे देवता के समान है। यह बात जब राष्ट्र के सभी नागरिक मानने लग जाएँगे तो देश की अधिकांश समस्याएँ हल हो जाएँगी। राष्ट्रीय चुनौतियों के समाधान में कोई अड़चन किसी बात के लिए नहीं आएगी। अगर बीच में कहीं थोड़ा संकट दिखाई देगा, तब सब एक-दूसरे के पूरक हो जाएँगे, क्योंकि सबके सामने एक राष्ट्र का विचार रह जाएगा।

प्रतिरक्षा एक नित्य आवश्यकता

चीन के आक्रमण के समय देश को प्रतिरक्षा का महत्त्व समझाने का काम दीनदयालजी पर आ पड़ा। 1962 में चीन द्वारा आक्रमण किए जाने तक उन्हें इस संकट के बारे में बार-बार सचेत करना पड़ा। दीनदयालजी ने दलाई

लामा का पक्ष लिया तो सभी तथाकथित प्रगतिशील लोगों ने दीनदयालजी की खिल्ली उड़ाई कि यह भी कोई दलाई लामा है? यह तो मलाई लामा है। दीनदयालजी इस खिल्ली और उपहास को पी गए। प्रतिरक्षा के लिए एड़ी-चोटी का पसीना एक करनेवाले वीर सावरकर, जिन्हें देश में रंगरूट वीर कहा गया, उस देश में जनसंघ को युद्ध-पिपासु कहा जाना स्वाभाविक ही तो था। किंतु केवल राष्ट्रहित का ही विचार करनेवाले दीनदयालजी ने सस्ती लोकप्रियता या भुलावे में न डालनेवाले नारे के झाँसे में न आते हुए रक्षासिद्धता की माँग सतत की।

चीनी आक्रमण के बाद दीनदयालजी ने जनसंघ के द्वारा परमाणु बम बनाने की माँग की और घोषित किया कि स्वतंत्रता की रक्षा के लिए जो भी मूल्य चुकाना पड़े, वह कम ही होगा। 1952 से 1962 तक 10 वर्षों में दीनदयालजी ने चीन के बारे में सदैव चेतावनी दी तथा कई बार प्रदर्शन किए। चीन ने जब देश पर बड़ा आक्रमण किया तो सामान्य जनता की समझ में उनके कार्य का महत्त्व भलीभाँति आ गया। 1962 के चीनी आक्रमण के समय अमेरिका ने हमारी सहायता की, पर रूस हाथ-पर-हाथ धरकर बैठा रहा। रक्त का संबंध अधिक निकट का होता है, परंतु उसके तीन मास बाद ही दीनदयालजी ने भविष्यवाणी की। चीन की विस्तारवादी नीतियों का ठीक से विश्लेषण करेंगे तो न केवल एशिया के कुछ राष्ट्र, अपितु कुछ कम्युनिस्ट देश भी चीन के विस्तारवाद का धिक्कार करेंगे और हमारे साथ हो लेंगे।

प्रतिरक्षा के लिए कितना खर्च करना पड़ेगा? इस प्रश्न का भी उत्तर यही है। प्रतिरक्षा के लिए जितना पर्याप्त हो, उतना व्यय करना चाहिए। धन कहाँ से लाया जाए? आज तक सुरक्षा सामग्री के लिए जैसे संचित किया, वैसी ही इसे भी करें। रक्षा का कोई विकल्प नहीं है। बातचीत, पंचशील, शांति प्रवचन आदि विकल्प घातक सिद्ध हो चुके हैं। अत: आज सच्ची आवश्यकता शस्त्रास्त्रों का भंडार, अनिवार्य सैनिक शिक्षा, जनता को संभावित युद्ध के लिए तैयार रहना सिखानेवाली राजनीति और अपना पेट काटकर भी मातृभूमि की स्वतंत्रता को बनाए रखने की धुन में दिन-रात परिश्रम की है। यही चार सूत्र आज नितांत आवश्यक हैं।

रक्षासिद्धता

चीन ने परमाणु विस्फोट कर परमाणु अस्त्रधारी देशों की मालिका में पदार्पण किया। पं. दीनदयालजी उपाध्याय ने जनसंघ द्वारा जन आंदोलन करवाकर एक विराट् प्रदर्शन का आयोजन किया। देश में प्रतिरक्षा का और देशप्रेम का ज्वार-सा आ गया, कोने-कोने से लाखों प्रदर्शनकारी दिल्ली पहुँचे, एक माह बाद ही पाकिस्तान से युद्ध छिड़ गया। इतिहास में प्रथम बार भारतीय सेना ने सामान्य जनता को यह प्रतीति कराई कि 'बिना युद्ध स्वातंत्र्य किसे मिला है? बिना युद्ध स्वातंत्र्य कहाँ टिका है?' वाली काव्य पंक्ति बिल्कुल सत्य है।

विदेश नीति एवं स्वदेश रक्षा दोनों पूरक

पं. दीनदयाल उपाध्याय ने बताया कि विदेश नीति एवं स्वदेश की रक्षा दोनों जुड़ी बातें होती हैं। अब राष्ट्रीय हितों की रक्षा तथा पोषण के निष्कर्षों पर ही इस नीति का निर्धारण करना चाहिए। विदेश नीति और स्वदेश रक्षा के बारे में पं. दीनदयाल उपाध्याय के विचार शत-प्रतिशत राष्ट्रहित पर आधारित थे। वीर सावरकर, सुभाष चंद्र बोस तथा डॉ. मुंजे आदि राजनीतिक नेताओं के साथ ही उनके विचारों ने भी मार्गदर्शन किया था।

दीनदयालजी ने इन्हीं विचारों को विदेश राजनीति और प्रतिरक्षा कार्य में हथियार बनाया। 'शस्त्रेण रक्षिते राष्ट्रे, शास्त्र चर्चा प्रवर्तते' वाली उक्ति उन्हें पूर्णतः अनुकरणीय लगी। भारत स्वभावतः एकाधिकारवाद का विरोधी रहा है, इसलिए भारत को चाहिए कि विश्व में लोकतंत्र और स्वतंत्रता का विकास होने का ही पक्षधर बने। उपनिवेशवाद से मुक्त होनेवाले देशों के प्रति स्वाभाविक सहानुभूति दिखानी चाहिए। दीनदयालजी ने कहा कि भारत को शांति के लिए प्रयास तो करना ही चाहिए, किंतु शांति-प्रेम के निमित्त ऐसा कुछ नहीं करना चाहिए, जिससे देश की अवहेलना हो और उसे हानि उठानी पड़े।

भारत परमाणु शस्त्र बनाए

चीन और पाकिस्तान के संयुक्त खतरे से निपटने की तैयारी के लिए भारत को परमाणु शस्त्र बनाने चाहिए। परमाणु बम बनाना हमारे जैसे गरीब देश के

लिए बहुत खर्चीला पड़ेगा कहनेवालों को उन्होंने स्पष्ट शब्दों में कहा कि देश की रक्षा के लिए जो भी मूल्य चुकाना पड़े, कम ही होगा।

सेना में भर्तियों पर जोर देते हुए श्री उपाध्याय ने कहा कि सेना की क्षमता 20 लाख तक बढ़ाई जानी चाहिए। बीस वर्ष के आयु वर्ग के लोगों को और भी भर्ती किया जाना चाहिए तथा आंतरिक सुरक्षा बलों को भी मजबूत किया जाना चाहिए। सीमा के क्षेत्रों में पुलिस का काम केंद्र के अधीन होना चाहिए और इसके लिए अलग सीमा सुरक्षा पुलिस का गठन होना चाहिए। जिन तत्त्वों की देश के प्रति निष्ठा संदेहास्पद हो, वैसे सभी तत्त्वों को सीमा से कम-से-कम 1 मील दूर रखा जाना चाहिए।

चीन और पाकिस्तान के प्रति जनसंघ की दृष्टि

भारतीय जनसंघ का मत इस विषय में पूर्णतः स्पष्ट है। उसका कहना है कि चीन और पाकिस्तान दोनों के आक्रमण समाप्त होने चाहिए। उसने सीमा सुरक्षा को सर्वाधिक महत्त्व दिया है। जनसंघ भारत के प्रत्येक इंच भूभाग की अक्षरशः मुक्ति का समर्थक है। उसके घोषणा-पत्र में कहा गया है कि भारत की सीमाओं का अतिक्रमण हुआ है। एक ओर पाकिस्तान ने तो दूसरी ओर चीन ने हमारे देश में काफी बड़े क्षेत्र को अपने कब्जे में कर लिया है। राष्ट्र द्वारा आक्रमण का सफल प्रतिकार करने की क्षमता के बावजूद ढुलमुल नीति के फलस्वरूप कांग्रेस सरकार ने देश का मनोबल क्षीण किया है और शत्रु को अपनी स्थिति सुदृढ़ करने का मौका प्रदान किया है। भारतीय जनसंघ देश की स्वतंत्रता और सार्वभौमिकता को दी गई इस चुनौती का मुकाबला करेगा तथा भारत के प्रत्येक इंच भूभाग को मुक्त कराएगा।

कश्मीर के संबंध में अपनी प्रतिज्ञा को उसने निम्न शब्दों में दोहराया है—भारतीय जनसंघ कश्मीर पर किए गए आक्रमण को भारत पर आक्रमण समझता है और इस कारण पाकिस्तान और चीन के कब्जे में पड़े भूभाग को मुक्त कराने के लिए वह प्रत्येक उपाय का सहारा लेगा।

कम्युनिस्ट सेना में फूट फैलाने का देशद्रोही प्रयास न करें

साम्यवादियों द्वारा सेना की निष्ठा की आलोचना करने पर दीनदयालजी ने

बताया कि सुरक्षा सेवाओं की निष्ठा को चुनौती देना अथवा उनके बारे में भ्रम फैलाना राष्ट्र के साथ अपघात (Degeneracy शारीरिक, मानसिक व नैतिक गुणों से पतित होना) है। हमारी सेनाओं ने प्रत्येक अवसर पर योग्य आचरण किया है, उनका इतिहास प्रशंसनीय और गर्व करने योग्य है। विद्रोह की भावना का अस्तित्व न होते हुए भी उसे उन पर लादना बड़ी कृतघ्नता है। यदि कोई उनके बारे में इस प्रकार सोचता है तो उसका एक ही अर्थ है कि कुछ-न-कुछ काला उसके मन में है।

कम्युनिस्ट देश में सैनिक क्रांति की संभावनाओं को व्यक्त करते हैं, वे बिना सोचे-समझे विदेशी साँचों को भारतीय परिस्थिति पर लादना चाहते हैं। किंतु यह ध्यान में रखना चाहिए कि कम्युनिस्ट कार्यप्रणाली में ऐसे पगों को अस्वीकार नहीं किया गया है। यदि आज कम्युनिस्ट किसी सैनिक क्रांति की संभावना की चर्चा कर रहे हैं तो संभवत: उसके पीछे उनके अपने इरादों को छिपानेवाली अपनी योजनाओं की असफलता से उत्पन्न निराशा का भाव विद्यमान हो सकता है। यदि यह सब आरोप सत्य हैं तो सेनापति को बधाई मिलनी चाहिए, न कि उनकी भर्त्सना की जानी चाहिए। उन्होंने सेना के गैर-राजनीतिक स्वरूप की रक्षा करने का सराहनीय प्रयास किया है।

शत्रुओं व मित्रों की पहचान करना सीखें

एक बार अखिल भारतीय कांग्रेस कमेटी की ओर से जारी परिपत्र में सरकारी नीतियों की आलोचना करने के लिए विपक्षी पार्टियों और विशेष रूप से भारतीय जनसंघ तथा स्वतंत्र पार्टी को देशद्रोही तक करार दिया गया। यद्यपि कम्युनिस्टों को 100 प्रतिशत राष्ट्रवादी होने का प्रमाण पत्र दिया, जबकि जनसंघ व स्वतंत्र पार्टी को देशद्रोही घोषित किया गया। दीनदयालजी ने कहा कि कांग्रेस पार्टी के पास कुछ अनोखे मानदंड हैं। हम यही कह सकते हैं कि हमारी सिर्फ भारतमाता के प्रति संपूर्ण और एकनिष्ठ निष्ठा है, इसके अतिरिक्त अन्य किसी के प्रति हमारी निष्ठा नहीं है। यदि हमने कोई अपराध किया है कि हम कई वर्षों से वे बातें कह रहे हैं, जो प्रधानमंत्री और कांग्रेस के नेता आज कह रहे हैं। उन्होंने कहा कि मित्र चेतावनी देता है तथा शत्रु आक्रमण करता है। मातृभूमि के प्रति

निष्काम समर्पण की इस महानतम भावना से हमें स्वयं को स्वतंत्रता की रक्षा में समर्पित कर देना चाहिए।

राष्ट्र की सुरक्षा के प्रश्न को सर्वोपरि महत्त्व मिले

बाह्य आक्रमण अथवा अन्य कोई आंतरिक संकट किसी भी राष्ट्र की एकता और अखंडता के लिए संकट का कारण बन सकता है। इसी प्रकार यदि कोई देश आर्थिक दृष्टि से जर्जर हुआ तो वह शीघ्र ही बाह्य आक्रमण का शिकार बन बैठता है। लेकिन बाह्य आक्रमण के फलस्वरूप राष्ट्र भावना की उग्र भावना भी उत्पन्न हुई है, इसलिए उसे संकट के समय का वरदान भी कहा जाता है। अंग्रेजी की एक कहावत के अनुसार, ऐसे राष्ट्र के विषय में यह कहा गया है कि वह युद्धकाल में तो जीवित रहता है, परंतु शांति का समय उसके लिए मृत्यु का द्वार है।

फिर भी इस तर्क के आधार पर कोई युद्ध की कल्पना अथवा कोई योजना नहीं कर सकता। लेकिन प्रत्येक राष्ट्र को आत्मरक्षार्थ सैनिक एवं मानसिक दृष्टि से सदैव सिद्ध रहना आवश्यक है, क्योंकि इसके बिना कोई भी राष्ट्र संसार में अपनी स्वतंत्रता को अधिक दिन तक टिकाकर नहीं रख सकता। इतना ही नहीं, एक राष्ट्र को बाह्य आक्रमण से आत्मरक्षा करने की तैयारी के अतिरिक्त देश में विद्यमान विघटन एवं पृथकतावादी तत्त्वों का सामना करने के लिए भी तत्पर रहना चाहिए। पर यदि देश में कोई ऐसा राजनीतिक दल है, जो राष्ट्र की एकता और अखंडता की ओर से उदासीन है तो उसके द्वारा न तो विघटनकारी तत्त्वों का सामना करना ही संभव है और न ही वह शत्रु का प्रतिकार कर सकता है। वास्तव में ऐसा दल, सुरक्षा की ओर से इस प्रकार उदासीन हो तो वह राष्ट्र के अस्तित्व को बनाए रखने में सफल नहीं हो सकता।

इन सब राजनीतिक दलों से भिन्न जनसंघ ही उस समय एक ऐसा दल था, जो चीन की ओर से सशंकित था और जिसने पाकिस्तान की शत्रुतापूर्ण कारवाइयों का उल्लेख करने के पश्चात् सन् 1951 के अपने चुनाव घोषणा-पत्र में लिखा था कि भारत का उत्तरी सीमांत भी सुरक्षित नहीं है। भारत के शांतिपूर्ण दृष्टिकोण की उपेक्षा करते हुए चीन ने तिब्बत की स्वाधीनता नष्ट कर उसे गुलाम

बना लिया है, जो सह–अस्तित्व की नीति के विरुद्ध है। नेपाल से संधि करते समय भी चीन ने भारत की विशेष स्थिति को ध्यान में नहीं रखा। इसी प्रकार चीन के नक्शों पर भारतीय क्षेत्र को दिखाना, जिसे गलती से दिखाया गया बताया था, वहाँ चीनी सेनाओं के प्रवेश (जिसका कारण गलतफहमी बताया गया था) और दक्षिण–पूर्वी एशिया के छोटे–छोटे देशों में चीनियों की जो गतिविधियाँ चल रही हैं, उनकी ओर से भारत को सतर्क रहना चाहिए। इससे स्पष्ट है कि जनसंघ ने चीनियों को समझने में उस समय भी कोई गलती नहीं की थी। 1957 में जनसंघ को छोड़कर अन्य सभी राजनीतिक दल देश की सुरक्षा की ओर से उदासीन थे और राजनीतिक व आर्थिक कार्यक्रमों को ही वे महत्त्व दे रहे थे। लेकिन जनसंघ ने उस समय सुरक्षा के प्रश्न को सर्वोपरि महत्त्व का प्रश्न बताया था और उसके लिए अपने सुझाव देते हुए उसने कहा था कि देश की सेना को बढ़ाने, उनमें राष्ट्रीय भावना उत्पन्न करने के साथ ही उन्हें आधुनिकतम शस्त्रों से सुसज्जित करना चाहिए। युवकों के लिए अनिवार्य सैनिक शिक्षा दिए जाने का भी जनसंघ ने सुझाव दिया था। यह जानते हुए कि राज्य सरकारें सीमांत क्षेत्र की उचित सुरक्षा व्यवस्था नहीं कर सकतीं, केंद्र के अधीन एक सीमांत पुलिस इस्टैब्लिशमेंट स्थापित करने का सुझाव भी जनसंघ ने दिया था। यदि सीमांत निरीक्षण एवं सुरक्षा का यह कार्य केंद्र ने पहले से ही अपने हाथ में लिया होता तो अक्साई चीन में चीनियों के घुसने के समाचार का ज्ञान सरकार को काफी दिनों पूर्व ही हो जाता।

दीनदयालजी कहा करते थे कि हमें आज योद्धा चाहिए, केवल विरोध करनेवाले नहीं। देश की अखंडता उन लोगों के द्वारा सुरक्षित नहीं रह सकती, जो केवल बैठकर हिसाब जोड़ते हैं। शक्ति के साथ मुकाबला वही कर सकते हैं, जिनमें श्रद्धा एवं आत्मगौरव का भाव है और जो मातृभूमि के लिए सर्वस्व की बलि चढ़ा देने का संकल्प रखते हैं।

□

हर क्षेत्र में अग्रणी-स्वयंसिद्धा है नारी

नारी शक्तिरूपा है। उसे अबला कहकर कमजोर बताना उस वास्तविकता से मुँह फेरना है, जिसमें बगैर उसके इस समाज, परिवार और जीवन की कल्पना ही नहीं की जा सकती है। इसलिए नारी सशक्तीकरण को मैं नारा नहीं, महिलाओं के अस्तित्व को स्वीकार करने के सामाजिक भाव रूप में ही सदा व्याख्यायित करता रहा हूँ।

याद करें, ऑक्सफोर्ड डिक्शनरी ने दो साल पहले 'नारीशक्ति' को वर्ष का सर्वाधिक चर्चित शब्द चयनित किया था। पूरे विश्व में तब यह सर्वाधिक प्रयुक्त होनेवाले शब्द रूप में स्वीकारा गया था। इसके पीछे वजह यह थी कि विश्व भर में भारत में महिलाओं के विकास को दृष्टिगत रखते हुए लिये गए निर्णयों की गूँज सुनाई दी। इसी ने महिला सशक्तीकरण को केंद्र में ला दिया और ऑक्सफोर्ड डिक्शनरी ने 'नारीशक्ति' को साल का सबसे चर्चित शब्द घोषित किया। महिलाओं के व्यापक हित में देश में तीन तलाक संबंधित बड़ा फैसला, केरल की सबरीमाला मंदिर में महिलाओं के प्रवेश को अनुमति, महिलाओं के डिफेंस फोर्स में कॉम्बेट रोल की अनुमति, हज जानेवाली महिलाओं को बगैर पुरुष गार्जियन के हज जाने की अनुमति जैसे निर्णय देश में बहुत पहले भी हो सकते थे, परंतु इस सोच पर कार्य करने को तैयार ही हम कहाँ थे! जबकि महिलाएँ आज से नहीं, आरंभ से ही समाज में अग्रणी भूमिका निभाती रही हैं। उनके हित में सोचना क्या हमारा दायित्व नहीं है!

महिलाएँ संवेदनशीलता से निर्णय लेने में ही नहीं, सामूहिक हित की सोच से कार्य करने में भी पुरुषों से कहीं अधिक बेहतर हैं। उनकी प्रतिभा को यदि अवसर मिलते हैं तो वे अधिक तेजी से आगे बढ़ पूरे समाज के विकास का मार्ग

प्रशस्त करती हैं। महात्मा गांधी ने इसलिए कभी कहा था कि किसी परिवार में एक महिला यदि शिक्षित हो जाती है तो दो परिवार उससे लाभान्वित होते हैं। 'बेटी बचाओ, बेटी पढ़ाओ' जैसे आंदोलनों की जरूरत क्यों पड़ी? इसलिए कि बेटियाँ पढ़ लेती हैं और समाज में उनका अस्तित्व बचा रहता है तो भारत फिर से महाशक्ति बनने की राह पर चल सकता है। मैं यह मानता हूँ कि यह महिला शक्ति ही है, जो केवल अपने लिए नहीं, पूरे विश्व के भले को दृष्टिगत रखते हुए कार्य करती है। 'वसुधैव कुटुंबकम्' की धारणा की असली सूत्रधार महिला शक्ति ही रही है।

हमारे प्राचीन पुराणों और शास्त्रों में जाएँगे तो पता चलेगा कि यह पृथ्वी नारी शक्ति से ही तो चल रही है। सरस्वती रूप में नारी सृजन करती है। लक्ष्मी रूप में वह पालन करती है और महाकाली रूप में आसुरी शक्तियों का नाश करती है। एक दूसरा पक्ष यह भी है कि पूरे संसार में ज्ञान और शिक्षा की देवी सरस्वती है। सोचिए, यदि ज्ञान न हो तो कैसे यह संसार चल प्रकाशित रह सकता है। ज्ञान और विवेक न हो तो मनुष्य पशु समान हो जाए। इसी तरह धन-धान्य और संपत्ति की देवी लक्ष्मी है। उसी से सारे कार्य संसार में होते हैं। शक्ति रूप में दुर्गा न हो तो संसार में बुरी शक्तियों का ही वास हो जाए। यानी पूरी यह धरती नारी के देवी रूपों में अपने अस्तित्व को बचाए हुए है। इसके बावजूद यदि नारी शक्ति के अस्तित्व को नकारते हैं तो इससे बड़ी कोई बौद्धिक दरिद्रता हो नहीं सकती।

भारतीय परंपरा में कन्या-पूजन की परंपरा आरंभ से ही रही है। चैत्र नवरात्रों के नौ दिन वर्ष भर के कार्यों के लिए शक्ति अर्जन के होते हैं। समस्त शक्तियों का वास नौ दुर्गाओं में है, इसलिए नौ दिन तक माँ के नौ रूपों की आराधना और उपासना होती है। इन नौ रूपों से ही यह संसार चलायमान है। इसलिए मैं बार-बार यह बात दोहराता हूँ कि नारी शक्ति के बगैर मानवता के विकास की कल्पना नहीं की जा सकती है। जरूरत इस बात की भी है कि नारी के कमजोर होने, अबला होने के जो नकारात्मक विशेषण हैं, उनसे समाज को हम मुक्त करें। अपनी यह मानसिकता बदलें कि नारी को सहारे की जरूरत है। वह सक्षम है। स्वयंसिद्धा है।

अतीत में न जाएँ, वर्तमान की ही बात करें तो पता चलेगा कि राजसमंद जिले की राखी पालीवाल ने सुबह चार बजे उठकर खुले में शौच के खिलाफ महिलाओं को संगठित करने की पहल की। थोड़े समय में ही परिणाम सकारात्मक रूप में सामने आए और समाज में एक बड़ी मुहिम की संवाहक राखी रूप में नारी शक्ति बनी। फाइटर पायलट अवनी चतुर्वेदी, भावना और मोहना सिंह सुपर सॉनिक फाइटर जेट उड़ाने के लिए चयनित हुईं। कल्पना चावला अंतरिक्ष में पहुँचनेवाली पहली महिला बनी। ऐसे ही हर क्षेत्र में महिलाओं को अवसर मिले हैं तो उन्होंने अपना श्रेष्ठतम करने का प्रयास कर देश और समाज में मिसाल कायम की है।

हमारे यहाँ तो विजय और सफलता की प्रतीक ही देवीरूप में शक्ति की आराधना रही है। मर्यादा पुरुषोतम राम ने रावण पर विजय प्राप्त करने से पहले भगवती भवानी की आराधना कर विजय शक्ति प्राप्त की। शिवाजी ने भ्रमरंबा भवानी की आराधना से शक्ति अर्जित की। महाराणा प्रताप ने चामुंडा की पूजा से बल प्राप्त कर मातृभूमि की स्वतंत्रता का शंखनाद किया। हर युग में, समय में राष्ट्र के साथ समग्र कल्याण की हेतु देवी रूप में नारी शक्ति ही रही है, इसलिए तो वह ईश्वर की अनुपम कृति है। वह गंगा के समान पवित्र है, पृथ्वी के समान उसमें धैर्य है और हिमालय के समान वह दृढ़ है। आधुनिक संदर्भों में सफल नारियों के बारे में पढ़ेंगे तो यही सभी गुण आँखों के समक्ष कौंधते नजर आएँगे।

इसलिए मैं यह मानता हूँ कि यह वह समय है, जब समाज में नारी समानता की नहीं, बल्कि उसकी महानता को स्वीकारते सभी क्षेत्रों में उसकी श्रेष्ठता को अवसर देने की जरूरत है। पुरुष तभी सफल है, जब उसके साथ नारी है। वह तमाम सफलताएँ इसलिए प्राप्त कर पाता है कि परिवार सँभालती नारी अप्रत्यक्ष उसकी सभी क्षेत्रों में सफलता की हेतु बनती है। मनुस्मृति में 'यत्र नार्यस्तु पूज्यन्ते रमन्ते तत्र देवता:, यत्रैतास्तु न पूज्यन्ते सर्वास्तत्राफला: क्रिया:।' की बात इसलिए स्वयंसिद्ध है कि जहाँ नारी की पूजा होती है, वहीं देवता वास करते हैं। जहाँ उसका सम्मान नहीं होता, वहाँ किए गए समस्त कार्य निष्फल हो जाते हैं। देवता का वास होने का यहाँ अर्थ है, सारी सिद्धियाँ और सफलताएँ नारी में ही समाहित हैं।

इसलिए मुझे यह भी लगता है कि नारी को परंपरा में और मर्यादा में रहने की बात कहनेवाला समाज का वह वर्ग है, जो उसकी शक्ति से भयभीत है। नारी स्वयंसिद्धा है। उसकी शक्ति में ही तो सृष्टि के होने का सनातन सच समाया हुआ है।

□

संस्कृति की आधुनिक दृष्टि

आत्मनिर्भर भारत का मूलाधार

वर्तमान समय अभूतपूर्व परिस्थितियों का काल है। कोरोना, टिड्डी हमलों, भूकंप के साथ-साथ 41 वर्षों में पहली बार नकारात्मक आर्थिक विकास, चीन और पाकिस्तान के साथ सीमा पर युद्ध की संभावना के साथ वर्तमान परिस्थितियों में बाहर एक लड़ाई है और भीतर एक युद्ध की स्थिति है। इस चुनौतीपूर्ण माहौल में प्रधानमंत्री श्री नरेंद्र मोदी ने भारतीय नागरिकों से अर्थव्यवस्था को मजबूत करने के लिए स्थानीय उत्पादों की खरीद करने की अपील की। उन्होंने कहा कि संकट के समय में इस स्थानीय (लोकल) ने हमारी माँग को पूरा किया है, इस स्थानीय ने हमें बचाया है। स्थानीय सिर्फ जरूरत नहीं है, यह हमारी जिम्मेदारी भी है।

स्थानीय उत्पादों के लिए मुखर होना न केवल भारतीय कंपनियों के उत्पाद को बढ़ावा देता है, बल्कि बहुराष्ट्रीय कंपनियों द्वारा भारत में निर्मित वस्तुओं को भी बढ़ावा देता है। सरकार ने न केवल भारत में बने उत्पादों को, बल्कि स्थानीय ब्रांडों, विनिर्माण और आपूर्ति श्रृंखला के प्रचार के लिए भी जोर दिया है। वृहत्तर ब्रांड की स्वीकार्यता बाजार को बड़ा बनाती है और ब्रांड वैल्युएशन को भी बढ़ाती है। स्थानीय उत्पादकता बढ़ने से रोजगार के अवसर बढ़ेंगे, हाइपर-लोकल मार्केट को बढ़ावा मिलेगा और विभिन्न आयामों में संपूर्ण भारतीय अर्थव्यवस्था को बल मिलेगा। उत्तर प्रदेश में 'वन डिस्ट्रिक्ट, वन प्रोग्राम' जैसे कार्यक्रमों की सफलता, उपभोक्ता व्यवहार में बदलाव और स्थानीय उत्पादों के प्रति झुकाव इस परिकल्पना को प्रमाणित करते हैं।

'आत्मनिर्भर भारत' के पाँच स्तंभ अर्थव्यवस्था, आधारभूत संरचना,

प्रणाली, जीवंत जनसांख्यिकी और माँग हैं। इसलिए माननीय प्रधानमंत्रीजी की 'वोकल फॉर लोकल' और 'आत्मनिर्भर भारत' के लिए जो मूल भावना है, उसे पूरी तरह से लागू करने की आवश्यकता है।

लोकप्रिय धारणा के विपरीत, इस अवधारणा का एक लंबा इतिहास है। श्री वी.डी. सावरकर ने इस संबंध में तर्क दिया कि विदेशी प्रतिस्पर्धा के खिलाफ राष्ट्रीय उद्योगों की रक्षा के लिए राज्य द्वारा हर कदम उठाया जाना चाहिए। इसी तरह, दीनदयाल उपाध्याय ने स्वदेशी को 'एकात्म मानववाद' के दर्शन का एक अभिन्न तत्त्व बताया।

दत्तोपंत ठेंगडी के 'तीसरे तरीके' ने पूँजीवाद और साम्यवाद दोनों के लिए एक विकल्प प्रदान किया। भारतीय स्वतंत्रता के लंबे संघर्ष में दादाभाई नौरोजी, बाल गंगाधर तिलक (लोकमान्य तिलक), गोपाल कृष्ण गोखले, महादेव गोविंद रानाडे और महात्मा गांधी जैसे दिग्गजों ने स्वदेशी आंदोलन की अगुआई की। महात्मा गांधी ने तर्क दिया कि गाँव से उद्योगों के लुप्त हो जाने के कारण हमारे गाँव विनाश के कगार पर हैं। इन्हें केवल ग्रामोद्योग के पुनरुद्धार के माध्यम से पुनर्जीवित किया जा सकता है। इसके बाद, स्वतंत्र भारत में 1948 और 1956 के औद्योगिक नीति संकल्पों ने कम पूँजी निवेश के साथ अतिरिक्त रोजगार पैदा करने में ग्रामीण उद्योगों की भूमिका पर जोर दिया। ऐतिहासिक रूप से ग्रामीण उद्योग ने विभिन्न क्षेत्रों में क्षेत्रीय और स्थानीय क्षमता निर्माण को बढ़ाया है, जैसे कि राजस्थान में तिलोनिया और उर्मुल, कला रक्षा, बेरोजगार महिला समिति आदि।

इससे पहले 'मेक इन इंडिया' पहल के माध्यम से भारत में कंपनियों के संचालन की बाधाओं को खत्म कर कंपनियों की सहायता करने का प्रयास किया था, जिससे अर्थव्यवस्था में विनिर्माण की हिस्सेदारी 2014 के 15 प्रतिशत के मुकाबले 2020 में बढ़कर 25 प्रतिशत हो गई। आर्थिक मंदी के कारण उत्पादन लागत बढ़ाने, खपत में गिरावट और कठोर स्थानीय नियमों की दोहरी मार के कारण यह योजना अधिक सफल नहीं हुई। सेवाओं की वृद्धि और अंतर्निहित क्षेत्रीय विकास सीमाओं के कारण विनिर्माण पर नए सिरे से जोर दिए जाने की आवश्यकता है।

उत्पादकों के सामने आनेवाली बुनियादी ढाँचे की समस्या और संस्थागत बाधाओं ने मूल्य-शृंखला को आगे बढ़ाने में बाधा डाली है। मार्केट इंफ्रास्ट्रक्चर का तात्पर्य संस्थागत अवसंरचना से है, जो प्राथमिक, माध्यमिक और तृतीयक सेक्टर को सेवाओं के वितरण के विस्तार के लिए उपयुक्त बाजार की जानकारी, चैनल, संचार नेटवर्क, परिवहन, कोल्ड स्टोरेज और प्रोसेसिंग आदि के संदर्भ में बुनियादी ढाँचा प्रणाली उपलब्ध करवाकर उत्पादकता को प्रेरित करता है।

प्रधानमंत्री ने उचित समय पर इस अति महत्त्वपूर्ण बदलाव की आवश्यकता पर जोर दिया, "इस समय हम भारतीय अर्थव्यवस्था को 'कमांड ऐंड कंट्रोल' से बाहर निकालकर 'प्लग ऐंड प्ले' की ओर ले जा रहे हैं। यह रूढ़िवादी दृष्टिकोण बनाए रखने का समय नहीं है।"

एम.एस.एम.ई., आय असमानता और सैन्य-औद्योगिक कॉम्प्लेक्स पर प्रभाव

संपूर्ण विश्व में विशेष रूप से विकासशील देशों में एम.एस.एम.ई. विकास का इंजन रहा है। 'वोकल फॉर लोकल' योजना का एम.एस.एम.ई. पर लाभकारी प्रभाव पड़ेगा। एम.एस.एम.ई. भारतीय अर्थव्यवस्था का आधार है। यह लगभग 12 करोड़ लोगों को रोजगार देता है। चूँकि एम.एस.एम.ई. भारत के विनिर्माण उत्पादन में 34 प्रतिशत और भारत के निर्यात का 45 प्रतिशत योगदान देता है, इसलिए यह फॉरवर्ड और बैकवर्ड लिंकेज को मजबूत कर आय असमानता को कम करने में सहायक होगा। ऑक्सफैम द्वारा हाल ही में किए गए एक अध्ययन से पता चला है कि भारत की शीर्ष 1 प्रतिशत आबादी के पास अब 73 प्रतिशत संपत्ति है, जबकि 67 करोड़ नागरिकों, जिसमें देश के आधे सबसे गरीब शामिल हैं, की संपत्ति में 2006 और 2015 के बीच केवल 1 प्रतिशत की वृद्धि हुई। इससे हमारे सैन्य-औद्योगिक विकास कॉम्प्लेक्स को भी बढ़ावा मिलना निश्चित है। भारत ने 2 जून, 2020 तक राज्य-संचालित आयुध कारखानों द्वारा 1,094 करोड़ रुपए (145 मिलियन डॉलर) कीमत के 156 उन्नत बी.एम.पी. इन्फैंट्री कॉम्बैट व्हीकल्स (आई.सी.वी.) की आपूर्ति की गई।

विकास और अवसंरचनात्मक परिवर्तन

क्षेत्र से बाहर अपने उत्पाद के विपणन के लिए उद्योगों की क्षमता को बढ़ाकर एक बहुत बड़े कैनवास पर क्षमता निर्माण को मजबूत करने की आवश्यकता है। यह क्षेत्र के आर्थिक आधार का विस्तार करेगा; क्षेत्रीय और राष्ट्रीय दोनों स्तरों पर सतत विकास प्राप्त करने के लिए उत्पादन और उत्पादकता दोनों को बढ़ाने के लिए उद्योगों के अभिनव उत्पादों और प्रक्रिया को बनाए रखेगा।

वोकल फॉर लोकल अभियान में उद्योगों के दायरे को बढ़ाने की क्षमता है, जैसे—औद्योगिक बुनियादी ढाँचे का उन्नयन, कोयला क्षेत्र में वाणिज्यिक खनन की शुरुआत, खनिज क्षेत्र में नीतिगत सुधार, रक्षा उत्पादन में आत्मनिर्भरता बढ़ानेवाले नीतिगत सुधार, परमाणु ऊर्जा सुधार और पी.पी.पी. के माध्यम से विश्वस्तरीय हवाई अड्डों का निर्माण आदि।

भारतीय कंपनियों ने तत्काल हैंड सैनिटाइजर, वेंटिलेटर और मास्क जैसी आवश्यक वस्तुओं का उत्पादन बढ़ाने की चुनौती का सफलता से सामना कर अपनी क्षमता को मजबूती से प्रमाणित किया है। अमूल, डाबर, गोदरेज, टाटा आदि भारतीय ब्रांडों को केवल भारतीय ब्रांडों के साथ गर्व की भावना के कारण एक विविध, बहुस्तरीय उपभोक्ता समूह के साथ लाभ नहीं होता है, बल्कि स्थानीय मीडिया, स्थानीय भाषा प्रेस, सोशल मीडिया और डिजिटल प्लेटफॉर्म के कारण भी लाभ होता है। भारतीय उत्पादों को गुणवत्ता, नवाचार, मूल्य-निर्धारण और विपणन मिश्रण पर ध्यान केंद्रित करना चाहिए, ताकि कॉरपोरेट टर्फ वॉर को जीतना एक आदत बन सके।

इस रणनीति की सफलता के लिए (अ) समय पर, पर्याप्त और कम लागतवाले लोन, (ब) तकनीकी उन्नयन, (स) व्यापक रूप से बेहतर अवसंरचनात्मक सुविधाएँ और (द) माँग की पहचान, कौशल और क्षमताओं के उन्नयन, स्थानीय संसाधनों के इष्टतम उपयोग, बाजार अनुसंधान, अंतर-संस्थागत तालमेल, प्रतिबद्ध एन.जी.ओ. एवं उद्योग संघ, अच्छे सलाहकार और सेवा प्रदाता आदि के माध्यम से बाजार में उन्नयन के लिए एक प्रणालीगत व्यवस्था आदि अत्यंत आवश्यक है।

प्रौद्योगिकी अंतरालों और सर्वोत्तम प्रथाओं की पहचान करने के लिए विकसित अर्थव्यवस्थाओं के विशिष्ट समूहों के गहन अध्ययन की आवश्यकता है। विभिन्न उत्पादों के लिए विभिन्न स्थानों पर क्लस्टर बनाए जा सकते हैं और अनुभव के आधार पर विकास मॉडल को अन्य समूहों में दोहराया जा सकता है।

इस अभियान की वास्तविकता पूर्वापेक्षाओं पर काफी हद तक निर्भर करती है, जैसे कि सूचना और विपणन नेटवर्क का निर्माण, ऋण, बुनियादी ढाँचा, उपयुक्त प्रौद्योगिकी, प्रेरणा और प्रशिक्षण के साथ जे.ए.एम. ट्रिनिटी (जनधन-आधार-मोबाइल), प्रत्यक्ष लाभ अंतरण (डी.बी.टी.) और बैंक मित्र अवधारणा जैसे उपाय भारतीय इको सिस्टम को मजबूत करने के लिए आवश्यक है। साथ ही विश्व स्तर पर प्रतिस्पर्धी निर्माण के लिए एक 'माइंड सेट' की भी आवश्यकता होती है।

भू-राजनीतिक गतिशीलता, वैश्विक विकास की जटिलताओं और राष्ट्रीय आवश्यकताओं को देखते हुए, सफलता के मंत्र के लिए एक आत्मनिर्भर रवैया होना चाहिए। नई सामान्य आवश्यकताएँ हमारे उद्योगों को एक स्तर का अवसर प्रदान करने और जमीनी हकीकत को बदलने के लिए एक मिशन मोड इस प्रकार के अभियानों का लगातार संचालन करने की आवश्यकता है। सभी हितधारकों के समर्थन के साथ यह गेम चेंजर हो सकता है और अवधारणात्मक रूप से जमीनी वास्तविकताओं को बदल सकता है।

□

पर्यावरण संरक्षण से कोविड निदान

संतुलित विकास के लिए पर्यावरण संरक्षण इस समय की सबसे बड़ी जरूरत है, पर जैसे-जैसे भौतिकता की अंधी दौड़ में हम आगे बढ़ रहे हैं, प्राकृतिक और जैविक आपदाओं को भी जैसे निमंत्रण देने लगे हैं। अभी जो कोविड का भयावह दौर हम सभी झेल रहे हैं, उसके मूल में भी विकास की उपभोक्तावादी सोच ही प्रमुख रही है। याद रखें—प्रकृति और जीवन की उपेक्षा कर विकास को गति देने के प्रयास जब भी हुए हैं, उसका खामियाजा पूरी मानव जाति को भोगना पड़ा है। विश्वव्यापी महामारी के इस दौर में हमें विकास के साथ पर्यावरण अनुकूल नीतियों के आलोक में प्रकृति संरक्षण की हमारी सनातन भारतीय दृष्टि पर फिर से विचार करने की जरूरत है। यह बात ध्यान रखने की है कि योजनाओं और विकास में पर्यावरणीय पक्ष कहीं तिरोहित न हो। मैं यह मानता हूँ कि कोई भी वैज्ञानिक विकास तभी सार्थक होता है, जब तक उसमें पर्यावरण और पारिस्थितिकी संतुलन पर किसी स्तर पर कोई प्रहार न हो।

पर्यावरण का अर्थ ही है, वह परिवृत्ति जो मनुष्य को चारों ओर से घेरे हुए है। इसी से जीवन पूरी तरह से जुड़ा हुआ है। यह घेरा असंतुलित होता है, तभी कोविड, ताऊते और यास जैसे चक्रवात हमें झेलने पड़ते हैं। भारतीय सनातन दृष्टि प्रकृति पूजक रही है। इसके पीछे बड़ा वैज्ञानिक तथ्य भी यही है कि पारिस्थितिकी संतुलन बना रहे। तुलसीदासजी ने रामचरितमानस में बहुत पहले ही कह दिया था, 'क्षिति, जल, पावक, गगन, समीरा। पंच रचित अति अधम सरीरा।' पर हमने अंधाधुंध विकास और भौतिक उपलब्धियों की प्राप्ति की लिप्सा में मनुष्य के अस्तित्व से जुड़े इन पंचभूत तत्त्वों की ही उपेक्षा करनी प्रारंभ कर दी। पर्यावरण का यह जो विश्वव्यापी संकट पैदा हुआ है, मुझे लगता

है कि उसका कारण प्रकृति से अपने आप को दूर कर पंचभूत तत्त्वों की उपेक्षा करना ही है। हवा और पानी में रसायनों और कार्बन उत्सर्जन करनेवाली गैसों से निरंतर जहर घोलने की सोच से निरंतर पर्यावरणीय संकट पैदा हुए हैं। कोविड का यह जो संक्रमण तेजी से फैल रहा है, उसका कारण भी पर्यावरण असंतुलन और पारिस्थितिकी तंत्र से की जा रही छेड़छाड़ ही है।

वनों के विनाश ने पर्यावरण को सर्वाधिक बिगाड़ा है। तेजी से बढ़ती आबादी और उसके अनुपात में रहनेवालों के लिए कम पड़ती जगहों से जंगल-के-जंगल तबाह होते जा रहे हैं। पहले ताऊते और इसके बाद अब यह यास चक्रवाती तूफान पर्यावरण संरक्षण पर ध्यान नहीं देने का ही परिणाम है। कोविड के इस दौर में ऑक्सीजन की कमी को लेकर भी बहुत-कुछ सामने आ रहा है। इसका कारण क्या है? हमने ऑक्सीजन की बात को सदा ही हलके में लिया। पेड़-पौधे ऑक्सीजन का बड़ा स्रोत हैं, परंतु उपभोक्तावादी सोच में पेड़ काट नवीन निर्माण के जरिए घरों में सुंदरता लाने का प्रयास किया जाता रहा है, जबकि धरती का असली श्रृंगार ही ये पेड़-पौधे हैं। जितने ये कम होंगे, उतना ही जीवन पर संकट गहराता जाएगा। यह वैज्ञानिक तथ्य है कि पेड़ मिट्टी के क्षरण को रोकते हैं। भूमिगत जल भंडारों का पुनर्भरण करते हैं और टिकाऊ कृषि उत्पादन के लिए भी सदा अनुकूल परिस्थितियाँ पैदा करते हैं। हवा, पानी और हमारे भोजन का सर्वाधिक नाता पेड़-पौधों से ही हैं। पेड़ों का अर्थ है ऑक्सीजन। इसलिए पेड़ कटने का अर्थ है, पूरे पारिस्थितिकी तंत्र का गड़बड़ाना। आप सोचिए, कितने-कितने पक्षियों, जीव-जंतुओं का पेड़ों पर बसेरा होता है। यह जो जैवविविधता है, उसी से प्रकृति संतुलित रहती है। पक्षियों को बसेरा देनेवाले पेड़ और अधिक वृक्ष उगाते हैं। मैंने इसे स्वयं अनुभूत किया है। वृक्षों की बहुत सी ऐसी प्रजातियाँ हैं, जो पक्षियों के पेट से निकले बीजों से ही पनपती है।

हमारी संस्कृति में इसीलिए तो पेड़ों के पूजन की परंपरा रही है। स्कंद, पद्म पुराण और अन्य प्राचीन ग्रंथों में पीपल पेड़ के मूल में ब्रह्मा, मध्य में विष्णु और आगे के भाग में भगवान् शिव के स्वयं विराजमान रहने की बात कही गई है। भगवान् बुद्ध ने तो पवित्र पीपल वृक्ष के नीचे ही बोधि प्राप्त की। बरगद में

शिव का वास मानकर हम पूजते आ रहे हैं। पेड़-पौधों के नीचे ही साधु-संतों ने साधनाएँ कीं। क्यों? इसलिए कि पेड़ों की पत्तियाँ सकारात्मक ऊर्जा प्रवाहित करती हैं। पेड़ों के पास और नीचे चित्त शांत रहता है।

खेजड़ी राजस्थान का राज्य वृक्ष है। मरुस्थल में लोगों का सदा सहारा रहनेवाला यह कल्पवृक्ष कहा जाता है। राजस्थान ही नहीं, देश भर में शमी वृक्ष के रूप में इसे पूजने की परंपरा है। हमसे अधिक समझदार हमारी वह पुरानी पीढ़ी रही है, जिन्होंने खेजड़ी को कटने से रोकने के लिए अपने जीवन तक का बलिदान कर दिया। अमृता देवी के नेतृत्व में खेजड़ली में पेड़ों के लिए हुआ बलिदान वृक्ष संस्कृति में समाई हमारी प्रकृति संरक्षण से जुड़ी सोच का सबसे बड़ा प्रमाण है।

हमारे यहाँ वन महोत्सव की शुरुआत सबसे पहले के.एम. मुंशी ने की। देश आजाद हुआ ही था और वे उस समय खाद्य और कृषि मंत्री थे। उन्होंने सबसे पहले पेड़ों के महत्त्व को समझते हुए नैनिताल में 1950 में पौधा लगाकर वन महोत्सव की शुरुआत की। इसके अगले साल 1951 में वे हमारे राजस्थान आए और यहाँ के रेगिस्तान को बढ़ने से रोकने के लिए जोधपुर में नर्सरी का उद्घाटन किया। वन महोत्सव की परंपरा आज भी चली आ रही है, परंतु यह पर्याप्त नहीं है। जरूरी यह है कि धरती पर रहनेवाला हरेक व्यक्ति पेड़ लगाए, उसका संरक्षण करे। हमें हमारी जरूरतों को कम करना होगा। यह समझना होगा कि यह धरती केवल हमारे रहने के लिए ही नहीं है, उन असंख्य जैव-अजैव पदार्थों, पशु-पक्षियों तथा पेड़-पौधों, वनस्पतियों के लिए भी है, जिनसे हमारा यह पारिस्थितिकी तंत्र सुरक्षित रहता है। पेड़ और वनस्पतियाँ नष्ट होने का अर्थ ही है, हमारी जैवविविधता नष्ट होना और इसी से पर्यावरण में असंतुलन पैदा होता है, महामारियाँ बढ़ती हैं। इसलिए जरूरी है कि हम प्रकृति और पर्यावरण की हमारी संस्कृति के संरक्षण का संकल्प लें। प्रकृति के आंतरिक संतुलन को क्षति पहुँचाए बगैर विकास की सोच को मूर्त रूप दें। याद रखें कि वृक्ष एवं वनस्पतियाँ भूमि को उन्नत और उर्वरा ही नहीं बनाते, बल्कि सबका भरण-पोषण भी करते हैं।

कोरोनाजनित समस्याओं का वास्तविक निदान प्रकृति संरक्षण में ही है।

उपभोक्तावादी जीवन-शैली को बदलते हुए अक्षय ऊर्जा, पर्यावरणसम्मत निर्माण कार्य, पेड़-पौधों और वनस्पतियों के संरक्षण की सोच के साथ विकास करेंगे, तभी जीवन खुशहाल होगा। पर्यावरण अनुकूल विकास की अवधारणाएँ ही धरती और यहाँ रहनेवालों के लिए सर्वथा उपयुक्त हैं। इसी से भविष्य में कोरोनाजनित आपदाओं, ताऊते और यास जैसे जीव को क्षति पहुँचानेवाले चक्रवातों से हम मुक्ति पा सकते हैं। आइए, पर्यावरण संरक्षण दिवस के रूप में निर्धारित एक दिन ही नहीं, हम वर्ष के पूरे 365 दिनों में प्रकृति संरक्षण की हमारी सनातन भारतीय दृष्टि से जुड़े रह कार्य करने का संकल्प लें।

□

अनुसंधान और नवाचारों के जरिए औद्योगिक विकास

किसी भी देश के औद्योगिक विकास और वहाँ की आर्थिक संपन्नता का सीधा संबंध होता है, इसलिए यह जरूरी है कि औद्योगिक विकास में समयानुरूप तकनीक को अपनाने के साथ ही अनुसंधान और प्रौद्योगिकी के नवाचारों को अपनाया जाए। विश्व के विकसित देशों जापान, संयुक्त राज्य अमेरिका आदि ने यही किया है। वहाँ की औद्योगिकी इकाइयों ने विज्ञान और प्रौद्योगिकी के साथ ही उद्योगों के विकास में नवाचारों को अपनाते हुए उच्च विकासयुक्त वृद्धि की रणनीति पर कार्य किया है।

भारत के लिए यह बेहद महत्त्वपूर्ण है कि प्रधानमंत्री श्री नरेंद्र मोदी की पहल पर देश 'आत्मनिर्भर भारत' की सोच के साथ अधुनातन प्रौद्योगिकी और नवाचारों को अपनाते हुए उपलब्ध प्राकृतिक संशाधनों का समुचित सदुपयोग करते हुए भविष्य के आर्थिक विकास की रणनीति पर कार्य कर रहा है।

देश में इस समय शोध एवं विकास आधारित अर्थव्यवस्था में उद्योगों के लिए नवीन अवसर उपलब्ध हुए हैं। नीति आयोग द्वारा सभी मंत्रालयों को अपने बजट का एक निश्चित प्रतिशत शोध और अनुसंधान पर व्यय करने के लिए रखे जाने को इसीलिए कहा गया है कि समय के साथ उद्योग-धंधों को नवीनतम अनुसंधान और नवाचारों का लाभ मिल सके।

यह हम सभी के लिए प्रसन्नता की बात है कि सितंबर 2020 में भारत वैश्विक नवाचार सूचकांक में विश्व के 50 प्रमुख देशों में शुमार हुआ है। ऐसा अब तक के इतिहास में पहली बार हुआ है। इसका अर्थ है कि आधुनिक भारत विज्ञान और प्रौद्योगिकी के एक मजबूत ढाँचे की ओर तेजी से अग्रसर हो रहा है।

इस समय भारत सूचना एवं संचार तकनीक, सेवा क्षेत्र के निर्यात, विज्ञान एवं इंजीनियरिंग में उपलब्ध स्नातकों, ऑनलाइन सरकारी सेवाओं तथा शोध एवं अनुसंधान पहल विश्व कंपनियों में शीर्ष 15 के सूचकांक पर है। इसका अर्थ स्पष्ट है कि औद्योगिक विकास में हमारे पास संभावनाओं का बड़ा आकाश मौजूद है।

जरूरत इस बात की है कि विभिन्न क्षेत्रों की हमारी विशेषज्ञता और विशिष्टता की उपलब्धता को पहचानते हुए औद्योगिक विकास के लिए बेहतर वातावरण बनाया जाए।

वैश्वीकरण के इस दौर में यह भी जरूरी है कि सभी उद्योग अपने स्तर पर अनुसंधान और डिजाइन के नवाचारों को प्रोत्साहित व संचालित करनेवाली एक संस्थागत प्रणाली अपने यहाँ विकसित करें। इसके बगैर औद्योगिक क्षेत्र में देश एक महत्त्वपूर्ण विनिर्माण शक्ति नहीं बन सकता।

मुझे भारत सरकार के सूक्ष्म, लघु एवं उद्योग मंत्रालय में भी कार्य करने का अवसर मिला है। तब बतौर मंत्री भारत सरकार के वाणिज्य और उद्योग मंत्रालय, में हमने देश भर के राज्यों में पेटेंट सूचना केंद्र, विज्ञान और प्रौद्योगिकी विभागों में प्रौद्योगिकी और नवाचार सहायता केंद्र जैसी पहल की थी। भारतीय उद्योग परिसंघ जैसे संगठनों को चाहिए कि वे राज्यों में नवीनतम अनुसंधान और डिजाइन से संबंधित पेटेंट कराने के लिए उद्यमियों को आगे लाएँ।

यह देखने में आया है कि हमारे यहाँ शोध और अनुसंधान के साथ नवीनतम डिजाइन विकसित तो होते हैं, परंतु उनका पेटेंट नहीं हो पाता है। वैश्विक अर्थव्यवस्था में पेटेंट के महत्त्व को देखते हुए इस संबंध में पहल की जानी चाहिए।

यह बात इसलिए कि स्थानीय स्तर पर उद्यमियों द्वारा जो नवाचार होते हैं, उन्हें कई बार मंच नहीं मिल पाता है। बहुत महत्त्वपूर्ण उत्पाद, डिजाइन और शोध से जुड़ी चीजों को इसलिए वृहद स्तर पर पहचान नहीं मिल पाती है। स्थानीय सेंटर ऑफ एक्सीलेंस भी क्षेत्रीय आवश्यकताओं पर ही काम करते हैं। जरूरत इस बात की भी है कि ऐसे स्थानों पर लोकल नवाचार, डिजाइन के नवीनतम रूपों और अनुसंधान से जुड़े क्षेत्रों की पहचान कर भारतीय उद्योग परिसंघ उन्हें अपने स्तर पर आगे लाने का प्रयास करे।

इस समय देश में एक ऐसी प्रणाली विकसित करने की जरूरत है, जिससे उद्यम के स्तर पर मानवीय व तकनीकी क्षमता का विकास करने के साथ ही नवाचारों के निरंतर प्रोत्साहन का कार्य हो सके। अनुसंधान व विकास के क्षेत्र में देश में क्षमताओं की कमी नहीं है। लेकिन एक राष्ट्रीय अनुसंधान और नवाचार प्रणाली के लिए आवश्यक मुख्य घटकों का विकास औद्योगिक क्षेत्रों द्वारा यदि अपने स्तर पर किया जाता है तो इसका लाभ सभी स्तरों पर मिल सकता है। बाजार, क्षमता, कुशल श्रम की उपलब्धता और अनुसंधान एवं विकास की आज भी हमारे देश में अन्य देशों के मुकाबले बहुत कम लागत है।

देश की नई शिक्षा नीति में व्यावसायिक दक्षता को केंद्र में रखते हुए क्षमता विकास पर विशेष ध्यान दिया गया है। हाल ही में राजस्थान में नई शिक्षा नीति को व्यवहार में विश्वविद्यालयों में लागू करने के लिए इस बात पर ही अधिक जोर मैंने दिया है कि विश्वविद्यालय अपने यहाँ ऐसे पाठ्यक्रम विकसित करें, जिनसे विद्यार्थी शिक्षा प्राप्त करने के समय ही उद्यमिता के लिए प्रोत्साहित हो सकें।

नई शिक्षा नीति में शोध, अनुसंधान एवं नवाचारों पर भी विशेष ध्यान दिया गया है। इस दृष्टि से मेरा यह मानना है कि देश में शैक्षणिक स्तर पर ही विद्यार्थियों को दैनिक जीवन में उपयोगी वस्तुओं से संबंधित प्रौद्योगिकी को समझने और उसको निर्मित करने के लिए प्रोत्साहित किया जाना चाहिए।

देश में नवाचार और उद्यमशीलता की प्रवृत्ति को बढ़ावा देने हेतु नीति आयोग द्वारा 'अटल इनोवेशन मिशन' की स्थापना के साथ ही प्रौद्योगिकी के व्यावहारिक प्रशिक्षण तथा प्रयोग हेतु देश भर में अटल टिंकरिंग लेबोरेटरीज की स्थापना के जो निर्णय केंद्र सरकार द्वारा किए गए हैं, उसके मूल में यही है कि देश तेजी से औद्योगिक विकास की ओर अग्रसर हो। इसी संबंध में जैव प्रौद्योगिकी उद्योग अनुसंधान सहायता परिषद् द्वारा बायोटेक्नोलॉजी इग्निशन ग्रांट (बी.आई.जी.) की शुरुआत की गई है। युवा स्टार्टअप को अनुदान प्रदान करने की दृष्टि से यह बेहद महत्त्वपूर्ण है।

औद्योगिक विकास के लिए शोध, अनुसंधान और नवाचार जितने जरूरी हैं, उतनी अधिक जरूरत शिक्षित अर्थव्यवस्था की है। शिक्षित अर्थव्यवस्था का

मेरा आशय यह है कि औद्योगिक विकास के लिए सभी की साझा समझ सभी स्तरों पर विकसित हो।

उच्च शिक्षा में औद्योगिक विकास की समझ विकसित करने के पाठ्यक्रम जुड़ते हैं, अध्ययन के साथ ही व्यावसायिक कौशल पर जोर दिया जाता है तो आधुनिक शोध, अनुसंधान और नवाचारों की ज्ञान अर्थव्यवस्था का निर्माण तेजी से किया जा सकता है। ज्ञान आधारित अर्थव्यवस्था का अर्थ ही है विज्ञान, प्रौद्योगिकी और आधुनिक अनुसंधान एवं नवाचारों से सतत विकास को संभव बनाना।

देश के विश्वविद्यालय ज्ञान और नवाचार की पौधशालाएँ हैं। औद्योगिक समूह सामाजिक दायित्व निर्वहन के अंतर्गत अपने लाभ के हिस्से का कुछ प्रतिशत यदि शिक्षा में व्यय करते हैं तो इसका दीर्घकालीन लाभ औद्योगिक विकास को मिल सकता है।

□

प्रवासी श्रमिकों का कल्याण जरूरी

प्रवासी श्रमिकों के मुद्दे ने भारत के विकास पर होनेवाले विमर्श में व्यापक चर्चाएँ छेड़ दी हैं। ऐतिहासिक और तुलनात्मक संदर्भ में देखें तो पलायन ने एक महत्त्वपूर्ण मानसिकता को जन्म दिया है, जिसमें लोग अपने आप को गरीबी के भयावह चक्र से बाहर निकाल रहे हैं। मेरी इस विषय में गहरी रुचि रही है, क्योंकि उत्तर प्रदेश और बिहार में सबसे अधिक पलायन होता है। छत्तीसगढ़, झारखंड, ओडिशा और राजस्थान भी पलायन के महत्त्वपूर्ण स्रोत हैं, जहाँ के प्रवासी श्रमिक निर्माण, फैक्टरी, घरेलू कार्य, टेक्सटाइल, परिवहन और खेती से जुड़े कामों पर निर्भर रहते हैं। मेरी कर्मभूमि राजस्थान में प्रवासियों की बड़ी आबादी निवास करती है, जो जीवनयापन के लिए पर्यटन, उत्पादन, खनन उद्योग और कृषि पर निर्भर है। भारत में पलायन न तो कोई अनूठी घटना है और न ही कोई नई बात है। जर्मनी की चांसलर एंजेला मर्केल ने 2015 में भविष्यवाणी की थी कि इस दशक में शरणार्थी समस्या एक निर्णायक मुद्दा साबित होगी। भारत के मामले में पंचवर्षीय योजना के दस्तावेज और अन्य तथ्यात्मक सबूतों से बिल्कुल स्पष्ट होता है कि विकास की योजनाओं और नीतियों में पलायन के मुद्दे को उचित रूप से संज्ञान में नहीं लिया गया। यह आश्चर्यजनक है, क्योंकि पलायन के कारण प्रतिस्पर्धा, उत्पादकता, रोजगार, श्रमिक बाजार और स्थानीय विकास जैसे महत्त्वपूर्ण पहलू प्रभावित होते हैं। कोरोना के बाद दुनिया में होनेवाले परिवर्तनों के साथ अब इस मुद्दे पर चर्चा तेज होने लगी है।

भारत के शहरों में प्रवासी श्रमिकों की पहचान आंतरिक पलायन, असंगठित क्षेत्र और मौसमी पलायन के आधार पर होती है। कड़ी प्रतिस्पर्धा और लागत कम करने के लिए बननेवाली नीतियों के कारण असंतुष्टि पैदा होना निश्चित है।

पलायन एक वास्तविकता है और इसकी पीड़ा को महसूस किया जा सकता है। हम अपनी पुरानी सामान्य जीवन-शैली में नहीं लौट सकते। हमें प्रवासी श्रमिकों के रोजगार और स्वास्थ्य पर समान रूप से ध्यान देने की जरूरत है। जैसे-जैसे समस्याएँ बढ़ती जाएँगी, इस ढाँचे को दुबारा तैयार करने में आनेवाली चुनौतियाँ बढ़ती जाएँगी और लंबे समय से हाशिए पर रखे गए इन व्यक्तियों तथा समूहों की स्थिति का कायापलट करने की आवश्यकता भी बढ़ती जाएगी। इनकी स्थिति को प्रभावित करनेवाली नीतियों को बदलने के लिए विशेषकर प्राथमिक जाँच केंद्रों के स्तर पर सरकारी तंत्र में सुधार करके क्वारंटाइन केंद्रों पर बेहतर तैयारी करनी होगी। इसलिए बहुमुखी पहल करने की जरूरत है।

राष्ट्रीय स्तर पर बेरोजगारी, गरीबी और रोजगार के उचित अवसरों में कमी निर्णायक मुद्दे हैं। 2017-18 में भारत के कुल 46.5 करोड़ श्रमिकों में से लगभग 91 प्रतिशत अर्थात् 42.2 करोड़ श्रमिक असंगठित क्षेत्रों में कार्यरत थे। 2017 के आर्थिक सर्वे में अनुमान लगाया गया कि इनमें से 13.9 करोड़ मौसमी और बार-बार ठिकाना बदलनेवाले श्रमिक थे। प्रवासी श्रमिक ग्रामीण क्षेत्रों के निवासी होते हैं, लेकिन वर्ष का अधिकतर समय शहरों में बिताते हैं, जहाँ उन्हें नियमित आमदनी नहीं मिल पाती। इसलिए कृषि से जुड़े और असंगठित क्षेत्रों में काम करनेवाले श्रमिक सबसे अधिक प्रभावित हो सकते हैं। कई श्रमिकों ने पैसे नहीं होने के कारण लॉकडाउन में बंद हो चुकी फैक्टरियों में शरण ली थी। इसके अलावा प्रवासी श्रमिकों का कोई केंद्रीय निबंधन नहीं होता, जबकि अंतरराज्यीय प्रवासी कर्मकार (नियोजन का विनियमन और सेवा शर्त) अधिनियम, 1979 मौजूद है। प्रवासी श्रमिकों के अधिकारों की रक्षा और कल्याण को बढ़ावा देने के लिए संसद् में एक विधेयक प्रस्तुत किया गया है, जिसका नाम व्यावसायिक सुरक्षा, स्वास्थ्य और कार्यस्थल स्थिति विधेयक, 2019 संहिता है। इस संहिता में 1979 के अधिनियम सहित सभी 13 श्रमिक कानूनों को मिलाकर एक कानून बनाने का प्रस्ताव रखा गया है।

कोविड-19 के कारण लगे लॉकडाउन से कृषि, आपूर्ति शृंखला, खाद्य एवं पोषण सुरक्षा पर बुरा प्रभाव पड़ा है। पंजाब, हरियाणा, तेलंगाना, महाराष्ट्र जैसे कृषि प्रधान राज्यों में श्रमिकों की कमी होने लगी है। बीमारी का हॉटस्पॉट बन

चुके शहरी क्षेत्रों में मौसमी श्रमिकों की कमी होगी और निर्माण तथा उत्पादन के क्षेत्रों को आर्थिक क्षति पहुँचेगी। इन श्रमिकों को 'वन नेशन वन राशन कार्ड' की नीति से लाभ मिलेगा, जिससे कार्डधारक को अपने गृह क्षेत्र के बाहर भी कोटे का अनाज लेने में मदद मिलेगी। इस योजना का क्रियान्वयन मार्च 2021 तक पूरा हो जाएगा और इससे लगभग 67 करोड़ व्यक्ति लाभान्वित होंगे। श्रमिकों के सामने आनेवाली आमदनी और भोजन से जुड़ी समस्याओं के निराकरण के लिए कई माँगें उठाई जा रही हैं, जैसे—श्रमिकों को उनके गाँव तक पहुँचाने के लिए अंतरराज्य सहयोग समिति बनाई जाए, वेतन भुगतान संबंधी समस्याओं के हल के लिए राज्य और केंद्र स्तर पर न्यायिक सेल का गठन किया जाए, शहरी और औद्योगिक क्षेत्रों में प्रवासी श्रमिकों को बिना किसी प्रमाण-पत्र के मुफ्त राशन देने का प्रावधान किया जाए, पंचायत स्तर पर स्वास्थ्य सुविधाएँ मुहैया करवाई जाएँ।

सरकार ने इस विषय की गंभीरता को देखते हुए प्रवासी श्रमिकों पर पड़नेवाले प्रभाव को कम करने के लिए कई आर्थिक नीतियों की घोषणा की है। 14 मई को हुई वित्तमंत्री की दूसरी प्रेस कॉन्फ्रेंस प्रवासी श्रमिकों, छोटे किसानों और अस्थायी दुकानदारों पर केंद्रित थी। उन्होंने रबी फसल उगाने के लिए छोटे तथा सीमांत किसानों की मदद करने के लिए नाबार्ड के जरिए 30 हजार करोड़ रुपए का अनुदान देने की घोषणा की। इससे पहले भी इस मद में 90 हजार करोड़ रुपए दिए गए हैं। साथ ही, देश के दो करोड़ किसानों को दो लाख करोड़ रुपए का रियायती ऋण दिया जाएगा। शहरी क्षेत्रों के गरीबों के लिए 11 हजार करोड़ रुपए आवंटित किए गए हैं। इस वर्ग में प्रवासी श्रमिक भी शामिल हैं। इस धन से बेघर लोगों को आश्रय देने के अलावा भोजन और पानी की आपूर्ति सुनिश्चित की जाएगी। वित्तमंत्री ने घर जाने के लिए संघर्ष कर रहे प्रवासी श्रमिकों के प्रति चिंता व्यक्त की और मजदूरी दर को 180 रुपए से बढ़ाकर 202 रुपए प्रति घंटा कर दिया। केंद्र सरकार ने राज्यों को अनुमति दी है कि वे प्रवासी श्रमिकों को आश्रय और भोजन-पानी मुहैया करवाने के लिए राज्य आपदा राहत कोष का इस्तेमाल कर सकते हैं।

प्रवासी श्रमिकों के लिए पी.पी.पी. नीति के तहत प्रमुख शहरों में सरकार द्वारा वित्त प्रदत्त हाउसिंग सोसाइटी बनाई जाएगी, जहाँ उन्हें सस्ते किराए पर

घर मिलेंगे। सड़कों पर सामान बेचनेवालों के लिए पाँच हजार करोड़ रुपए की ऋण सुविधा होगी, जिससे 50 लाख लोगों को व्यवसाय शुरू करने में तुरंत मदद मिलेगी। वित्तमंत्री ने बताया कि सरकार की ओर से प्रारंभिक पूँजी के रूप में 10 हजार रुपए दिए जा रहे हैं। केंद्र सरकार की ओर से राज्यों को आठ लाख टन अनाज और 50 हजार टन चना दिया जाएगा, जिससे महीने में हर श्रमिक को पाँच किलो अनाज और हर परिवार को एक किलो चना दो महीनों तक मुफ्त दिया जाएगा। उम्मीद है कि इससे आठ करोड़ मजदूरों को लाभ मिलेगा। यह संख्या राष्ट्रीय खाद्य सुरक्षा अधिनियम, 2013 के दायरे से बाहर जा सकती है और अभी तक इस सुविधा से वंचित रहे लोग भी लाभान्वित हो सकते हैं। इस संकट की व्यापकता देखते हुए महामारी से लड़ने के लिए कई अभिनव उपाय सुझाए गए हैं। इनमें प्रवासी श्रमिकों और शहरी गरीबों के लिए सस्ती आवास सुविधा उपलब्ध करवाने, 50 लाख से अधिक अस्थायी दुकानदारों के लिए पाँच हजार करोड़ की ऋण सुविधा शुरू करने और तैयारियों के लिए जिला खनिज फाउंडेशन का इस्तेमाल करने जैसे कदम शामिल हैं। समस्या के संदर्भ में ये सभी महत्त्वपूर्ण उपाय हैं, लेकिन इन पर अमल करने के दौरान राज्यों की असामान्य स्थिति, महामारी की तीव्रता, सुविधाओं की उपलब्धता, मानव संसाधन की कमी जैसे पहलुओं पर गंभीरता से विचार करना होगा।

भारत में प्रवासी श्रमिकों पर ध्यान केंद्रित करने की जो अनिवार्यता पैदा हुई है, उसकी जड़ महामारी के असमान सामाजिक-राजनीतिक प्रभाव से शुरू होती है, इसलिए राज्यों और केंद्र को सामाजिक सुरक्षा तंत्र को मजबूत तथा निबंधन की प्रक्रिया को सुलभ बनाकर विकास में साझेदार की तरह एकजुटता से काम करने की जरूरत है। यह एक बड़ा लक्ष्य है और इसके लिए उन नौ बिंदुओं पर आधारित रणनीति की जरूरत है, जो इंदिरा गांधी इंस्टीट्यूट ऑफ डेवलपमेंट रिसर्च, मुंबई के प्रोफेसर डॉ. चंद्रशेखर और सेंटर फॉर पॉलिसी रिसर्च, नई दिल्ली की अध्येता मुक्ता नायक ने चिह्नित किए हैं—

(1) राज्यों के बीच बेहतर तालमेल हो।

(2) राज्य सरकारों द्वारा स्वास्थ्य बीमा, विद्यालय नामांकन और जन वितरण प्रणाली जैसी सुविधाओं में राज्य तथा जिलों के भीतर पोर्टेबिलिटी लागू

की जाए, जिससे अंततः यह सुविधा राष्ट्रीय स्तर पर भी उपलब्ध हो।

(3) राज्य सरकारें 'माटी की संतान' जैसे तर्कों को छोड़ें, जिनसे संविधान के अनुच्छेद-19 के तहत मिली देश के किसी भी हिस्से में काम करने और निवास करने की स्वतंत्रता पर आघात पहुँचता है।

(4) राज्य सरकारी विद्यालयों में अपनी आधिकारिक भाषाओं को अनिवार्य विषय बनाने का हठ छोड़ें।

(5) प्रत्येक राज्य में भवन एवं अन्य सन्निर्माण कर्मकार (बी.ओ.सी. डब्ल्यू.) अधिनियम जैसे नियमों का लेखा-जोखा देश की सभी अनुसूचित भाषाओं में उपलब्ध हो।

(6) राज्य सरकारें प्रवासी श्रमिकों, विशेषकर निर्माण श्रमिकों की पात्रता की आधिकारिक निशानदेही करें।

(7) पंचायत स्तर पर कागजी प्रक्रिया को तेज करके प्रवास के राज्य में होने वाले निबंधन को आसान बनाया जाए।

(8) प्रवासियों के लिए रेंटल मार्केट और आवास तथा कामगार महिलाओं-पुरुषों के लिए हॉस्टल तैयार किए जाएँ।

(9) सामाजिक सुरक्षा संहिता प्रस्ताव, 2019 को अधिक प्रभावी बनाने के लिए सुव्यवस्थित किया जाए।

तेज और प्रभावी कदम उठाने के लिए हमें प्रवासी श्रमिकों की समस्या को व्यापक रूप में देखना होगा। प्रवासी श्रमिकों के पास घर में रहने का विकल्प नहीं है। ऐसा होने पर समाज का सबसे महत्त्वपूर्ण संवेदनशील तबका एक दीर्घकालिक संकट के मुहाने पर खड़ा हो जाएगा। हमें जीवनयापन के लिए एक अलग कार्यक्रम बनाना होगा और विकास तथा संरचनात्मक परिवर्तन के लिए एक मध्यकालीन ब्लूप्रिंट तैयार करना होगा। यह एक विस्तृत संरचना है, जिसके लिए प्रवासी श्रमिकों के पुनर्वास में आनेवाली राष्ट्रीय न्यायिक, नियामक और संस्थानात्मक समस्याओं की समीक्षा करनी होगी। सामाजिक-न्यायिक मुद्दों से निपटने के लिए मानवाधिकार संबंधी उपायों की तर्ज पर चलने की जरूरत है। व्यापार, राजकोष, मुद्रा और अन्य नीतियों में होनेवाली जटिलताओं का निराकरण भी जरूरी है। उदाहरण के लिए, पलायन के बारे में टास्क फोर्स की रिपोर्ट का

क्रियान्वयन, आँगनबाड़ी और ए.एन.एम. जैसे कामों में प्रवासी महिलाओं की भागीदारी, सर्व शिक्षा अभियान में प्रवासी बच्चों का दाखिला जैसे कदम प्रभावी सिद्ध होंगे।

इस गंभीर समस्या से निपटने के लिए वित्तीय तंत्र और श्रमिक नीतियों तथा कार्यक्रमों को मजबूत बनाने की जरूरत है। सूचना एवं प्रसारण तकनीकों तथा जनधन आधार मोबाइल को बढ़ावा देना होगा, जिससे श्रमिकों के साथ सीधा संपर्क करना सुलभ होगा और लागत भी कम आएगी। कोरोना वायरस के कारण हो रही भौतिक क्षति के बाद यह आवश्यक हो गया है कि सभी हिस्सेदार एकजुट होकर वर्तमान चुनौतियों का सामना करें और भविष्य की आशाओं पर खरे उतरें।

□

सूक्ष्म, लघु एवं मध्यम उद्योगों को प्रोत्साहन जरूरी

कोरोना वैश्विक महामारी के दौरान हुए लॉकडाउन से आर्थिक स्थिति चरमरा गई है। अर्थव्यवस्था के प्रत्येक सेक्टर को कोविड-19 ने जबरदस्त तरीके से प्रभावित किया है। छोटे और मध्यम वर्ग के उद्योगों की तो कमर ही टूट गई है। एम.एस.एम.ई. सेक्टर पर लॉकडाउन का असर एक साल तक दिखाई देगा। लॉकडाउन के इस साइड इफेक्ट पर अभी से ही नए सिरे से गंभीर चिंतन करना आवश्यक है।

एम.एस.एम.ई. सेक्टर को पुन: जीवित करने के लिए इस क्षेत्र को रियायतें देने के साथ भविष्य की आर्थिक सुदृढ़ता के लिए मापदंड भी तय किए जाने आवश्यक हैं। विपरीत परिस्थितियों की चिंताओं से भरपूर रहनेवाला कोविड-19 के लॉकडाउन के पश्चात् का एक साल का समय छोटे उद्योगों को पुनर्स्थापित करने का सुनहरा अवसर भी होगा।

एम.एस.एम.ई. सेक्टर को पुन: स्थापित करने के लिए लघु अवधि की रणनीति पर ही काम करना होगा। शहरों और गाँवों के नौजवान लड़कों को छोटे-छोटे उद्योगों का प्रशिक्षण देना होगा। इन युवाओं को वित्तीय सहायता भी मौके पर ही दिलानी होगी, ताकि युवा रोजगार के लिए बंद हो चुके उद्योगों को पुन: स्थापित कर सकें। इनोवेशन और तकनीक को सभी को अपनाना होगा।

कुल मिलाकर ऐसा वातावरण बनाना होगा कि छोटे उद्यमी तनाव से निकल सकें। नए सिरे से अपना काम आरंभ कर सकें। मानसिक रूप से घाटे की भरपाई के लिए भी उद्यमियों को तैयार करना होगा। इसके लिए सरकार की ओर से

मिलनेवाला विश्वास और संबल उद्यमों तथा छोटे उद्यमियों के लिए ऑक्सीजन होगी। इससे एम.एस.एम.ई. सेक्टर पुनः फल-फूल सकेगा।

बैंकों को उदारता का परिचय देना होगा। आनेवाला एक साल का समय चुनौतियों से भरा होगा। इस विपरीत समय में, धैर्य से सभी मिलकर एम.एस.एम.ई. को गंभीरता से प्रश्रय देंगे तो निश्चित तौर पर इसका नया स्वरूप हमारे सामने आएगा, जो नए जोश और उल्लास के साथ अर्थव्यवस्था को पटरी पर ला देगा।

आर्थिक उदारीकरण के युग के प्रारंभ होने के साथ-साथ भारत में ही नहीं, अपितु पूरे विश्व में उद्यमिता के क्षेत्र में बहुत विस्तार हुआ है। सभी विकसित व विकासशील देशों की अर्थव्यवस्था में उद्यमिता, विशेष रूप से एम.एस.एम.ई. सेक्टर अहम योगदान कर रहा है। भारत में एम.एस.एम.ई. सेक्टर का योगदान निर्यात में 40 प्रतिशत, विनिर्माण में 45 प्रतिशत व सकल घरेलू उत्पाद में 8 प्रतिशत रहा है।

देश में बढ़ती हुई बेरोजगारी की समस्या से निपटने में एम.एस.एम.ई. सेक्टर का महत्त्वपूर्ण योगदान रहा है। छोटी-छोटी इंडस्ट्री को एम.एस.एम.ई. के माध्यम से पूरे देश में विस्तारित करते हुए नौजवानों को समायोजित किया जा सकता है और एंटरप्रेन्योर्स को बढ़ावा दिया जा सकता है।

वैश्विक बाजार में कच्चे माल, तैयार माल की आपूर्ति में आए व्यवधान हमारे लिए नए सबक होंगे। यह सबक ही हमारे भविष्य को सँवारेंगे। एम.एस.एम.ई. सेक्टर को चुनौतियों से मुकाबला करने को तैयार करेंगे। इन सब घटनाओं के अनुशीलन के बाद बननेवाली रणनीति ही छोटे और मध्यम उद्योगों की पुनः स्थापना के लिए जीवनदान साबित होगी। इससे कोविड-19 से पहले चल रहे उद्योगों को तो नया जीवन मिलेगा ही, साथ ही नए उद्योगों के लिए भी वातावरण बन सकेगा। यह भारत के लिए नया परिवेश होगा। छोटे उद्योगों के पनपने के लिए भी यह घटना नए अवसर देगी।

वैश्विक कंपनियाँ खतरों से बचने के लिए अपने विनिर्माण और आपूर्ति शृंखला में विविधता लाने की संभावनाएँ अन्य देशों में तलाश रही हैं। भारत में विनिर्माण सुविधाओं की स्थापना के बहुतेरे अवसर हैं। अमेरिका और जापान की शीर्ष कंपनियों ने पहले से ही चीन से बाहर निकलना शुरू कर दिया है। भारत

को बुनियादी ढाँचे, श्रम की गुणवत्ता और नीतिगत ढाँचे को सुव्यवस्थित करके इसका लाभ उठाना चाहिए।

सरकार को यह सुनिश्चित करना चाहिए कि वैश्विक आपूर्ति श्रृंखला में कोई व्यवधान न हो। औद्योगिक नेटवर्क, प्रचुर मात्रा में प्राकृतिक संसाधनों और अपेक्षाकृत सस्ते कार्यबल के साथ भारत वैश्विक निर्माताओं को वैकल्पिक आधार के रूप में आकर्षित कर सकता है।

भारत अपने कपड़ा और परिधान निर्यात में हिस्सेदारी बढ़ाने के लिए खुद को एक विश्वसनीय विकल्प के रूप में पेश कर सकता है। पोस्ट-कोरोना वायरस में ब्रांड विविधीकरण की रणनीति बनानी आवश्यक है। भविष्य में कोरोना वैश्विक महामारी जैसी किसी भी स्थिति में चीन पर अपनी निर्भरता को कम करना होगा।

भारत को अपने आप को कम नहीं आँकना चाहिए। भारत में अपार संभावनाएँ हैं। भारत के युवा में ऊर्जा है। खनिज, धातु, होमवेयर, सिरेमिक टाइलें, इंजीनियरिंग सामान, फर्नीचर आदि आशाजनक क्षेत्रों में भारत को उद्यमियों को बढ़ावा देने के लिए नए अवसर तलाशने होंगे।

सेवाओं के तेजी से डिजिटलीकरण अपनाने से हितधारकों को उन सेवाओं को मूल रूप से उपयोग करने में मदद मिलेगी। इसमें टेलीकॉम ऑपरेटर्स, स्मार्टफोन और उनसे जुड़े इको सिस्टम, ऑनलाइन गेमिंग और स्ट्रीमिंग कंटेंट, असेंबली लाइन प्रोडक्शन में रोबोट का इस्तेमाल, क्लाउड कंप्यूटिंग, सहयोगी उपकरण और रिमोट वर्किंग क्षमताओं सहित एंटरप्राइजेज का डिजिटल बदलाव शामिल हैं।

श्रम का रिवर्स माइग्रेशन होने से गाँवों में, विशेषकर खाद्य प्रसंस्करण में, हलके उद्योगों को बढ़ावा मिलेगा। भारत फलों और सब्जियों का दूसरा सबसे बड़ा उत्पादक है। स्टार्टअप को एक उचित स्टार्टअप पारिस्थितिकी तंत्र अर्थात् बिजली, पानी, सड़कों की कनेक्टिविटी, विपणन, तकनीकी, आधुनिकीकरण और ऋण की नियमित आपूर्ति के साथ कोल्ड चेन लॉजिस्टिक्स विकसित करने के लिए प्रोत्साहित करना ही होगा।

इसमें कोई दोराय नहीं कि आफ्टर कोरोना काल में छोटे उद्योगों को नया

रक्त संचार मिलेगा। यह एम.एस.एम.ई. के लिए क्रांति होगी। रोजगार बढ़ेंगे। अर्थव्यवस्था मजबूत होगी। गाँव-गाँव खुशहाल होगा। खेती के साथ छोटे उद्योग मानव जीवन को नई दशा और दिशा देने में बेहतर तरीके से सफल होंगे।

वर्तमान स्थिति में राज्य सरकार की सर्वोच्च प्राथमिकता प्रभावित अर्थव्यवस्था को पुनः पटरी पर लाना है। इसके लिए आवश्यक सेवाओं के लिए फंड की पुख्ता व्यवस्था होने के साथ नकद राशि की उपलब्धता होनी चाहिए थी, जिससे कि वे अपनी न्यूनतम जरूरतों की पूर्ति कर सकें। राज्य सरकार को शहरी गरीब तबके के लिए यूटिलिटी कोस्ट में तीन महीनों की छूट प्रदान करनी चाहिए, जिससे कि उन पर आर्थिक दबाव कम हो सके। इसी तरह राज्य सरकार द्वारा चुनिंदा क्षेत्रों में स्थानीय करों में भी छूट प्रदान करने की आवश्यकता है।

इसी तरह लॉकडाउन के पश्चात् सरकार द्वारा उद्योग क्षेत्र में, खासकर लघु उद्योगों को प्रोत्साहित कर लॉजिस्टिक प्रबंधन करने की योजना तैयार करना, ऑपरेशनल खर्चों में नियंत्रण करना श्रम प्रबंधन और बाजार में तरलता लॉजिस्टिक को बढ़ावा देना चाहिए।

यही नहीं, राज्य सरकार को निजी क्षेत्रों के सहयोग से आपातकालीन द्वारा विकास कर कम लागत के भारी मात्रा के सैनिटाइजर, मास्क, टेस्टिंग किट और अन्य बचाव के साधनों में सहयोग प्रदान करने की जरूरत है। इससे बचाव के साधन आमजन और खासकर स्वास्थ्यकर्मियों को सुलभता से उपलब्ध हो सकेंगे।

इस समय जब केवल राज्य ही नहीं, अपितु समस्त भारत इस वैश्विक महामारी के चलते मुश्किल दौर से गुजर रहा है, ऐसे में केंद्र और राज्य सरकारों, चिकित्सकों, स्वास्थ्यकर्मी प्रशासन, नीति-निर्धारकों को इस चुनौती का सामना करने और इससे उबरने के लिए सम्मिलित प्रयास करने की हरसंभव कोशिश करने की जरूरत है।

□

आत्मनिर्भर राष्ट्र की समयानुकूल पहल

कोविड-19 से विश्व की अर्थव्यवस्था पर व्यापक असर हुआ है। वर्तमान का काल विकट है और स्थिति बहुत चिंताजनक। इस आपदा से निपटने हेतु प्रत्येक देश ने राजनीतिक एवं आर्थिक दृष्टि से आवश्यक कदम उठाए हैं। भारत भी इस आपदा से निपटने के लिए निरंतर प्रयासरत है।

इस गंभीर संकट में प्रधानमंत्री श्री नरेंद्र मोदी ने 12 मई को आत्मनिर्भर भारत का एक विजन डॉक्यूमेंट प्रस्तुत किया, जिसके आधार पर वित्तमंत्री श्रीमती निर्मला सीतारमण द्वारा 13 मई से 16 मई तक 20 लाख करोड़ रुपए का एक आर्थिक पैकेज प्रस्तुत किया, जो भारत के सकल घरेलू उत्पाद का लगभग 10 प्रतिशत है। यह पैकेज आत्मनिर्भर भारत के पाँच स्तंभों पर आधारित है, यथा— अर्थव्यवस्था, ढाँचागत विकास, तंत्र, उद्यमशील जनसंख्या तथा माँग। ये पाँच आधार भारत की अर्थव्यवस्था को सुदृढ़ करने के साथ ही अंतरराष्ट्रीय स्तर पर भारत को एक आत्मनिर्भर राष्ट्र के रूप में स्थापित करेंगे। यह आर्थिक पैकेज देश के विभिन्न सेक्टर को मजबूत करने के साथ-साथ कुटीर उद्योग, सूक्ष्म, लघु एवं मध्यम उद्यम, श्रमिक, मध्यम वर्ग तथा उद्योगों को नए सिरे से स्थापित करने में सहयोगी होगा।

यह पैकेज देश के लगभग सभी वर्गों की आवश्यकताओं की पूर्ति करेगा। कुटीर उद्योग, सूक्ष्म, लघु एवं मध्यम उद्यम, मजदूर, मध्यम वर्ग इस पैकेज से है। वर्तमान परिप्रेक्ष्य में देश को नई ऊर्जा देने के लिए इससे बेहतर पैकेज संभव नहीं है। यह पैकेज निश्चित ही देश की आत्मनिर्भरता को बढ़ाएगा तथा लोकल से (स्थानीय) ग्लोबल (वैश्विक) उत्पाद को बढ़ावा देगा। आज के भारत के लिए यह पैकेज प्रभावशाली है। इससे जमीनी स्तर

पर स्थितियों को ठीक कर देश आगे बढ़ने के लिए गतिशील बनेगा। यह न केवल विकास की प्रक्रिया और पैटर्न में उन लोगों के लिए हितकारी होगा, जो हाशिए पर हैं।

27 मार्च को तात्कालिक एवं अनिर्धारित मौद्रिक नीति तथा 17 अप्रैल को घोषित एक और मौद्रिक नीति के क्रम में भारत सरकार और भारतीय रिजर्व बैंक द्वारा आर्थिक प्रोत्साहन पैकेज 26 मार्च को घोषित किया गया। यह नीतिगत घोषणाएँ अर्थव्यवस्था को सही मार्ग पर लाने में यह पैकेज निश्चित ही कारगर सिद्ध होगा। इस व्यापक नीति में जहाँ एक ओर ई.पी.एफ.ओ. में पंजीकृत सभी प्रतिष्ठानों के नियोक्ताओं और कर्मचारियों के लिए छूट शामिल है, वहीं दूसरी ओर गैर-बैंकिंग वित्तीय कंपनियों, हाउसिंग फाइनेंस कंपनियों तथा माइक्रो-फाइनेंस संस्थाओं के लिए तीस हजार करोड़ की विशेष तरलता योजना भी शामिल है।

गैर-बैंकिंग वित्तीय कंपनी एवं माइक्रो-फाइनेंस संस्थाओं की देनदारियों के लिए भी 45,000 करोड़ रुपए की आंशिक ऋण गारंटी योजना का प्रावधान किया गया है। डिस्कॉम के लिए 90 हजार करोड़ रुपए की तरलता उपलब्ध कराए जाने, ठेकेदारों तथा रियल एस्टेट को राहत, प्रत्यक्ष करों के दायरे में आनेवाली वस्तुओं पर छूट तथा सूक्ष्म, लघु एवं मध्यम उद्योगों पर अत्यधिक जोर दिया जाना इस आर्थिक पैकेज के प्रमुख बिंदु हैं।

प्रधानमंत्री गरीब कल्याण योजना के लिए 1.70 लाख करोड़ तथा राज्य सरकारों को भारतीय रिजर्व बैंक द्वारा 60 प्रतिशत तक अग्रिम दिए जाने, सी.आर.आर. कम करते हुए 1.37 लाख करोड़ रुपए की अतिरिक्त तरलता सुनिश्चित करने तथा नाबार्ड, सिडबी एवं एन.एच.बी. के लिए विशेष पुनर्वित्त किए जाने की व्यवस्था का प्रावधान किया गया है। प्रवासी मजदूरों, किसानों, छोटे कारोबारियों, रेहड़ी-पटरी वालों सहित गरीबों की सहायता के लिए अल्पकालिक और दीर्घकालिक उपायों तथा कृषि, मत्स्यपालन, खाद्य प्रसंस्करण, कृषि अवसंरचना क्षेत्रों को मजबूत करने, क्षमता निर्माण, गवर्नेंस एवं प्रशासनिक सुधारों के लिए अहम उपायों की घोषणा भी इस पैकेज में की गई है।

सूक्ष्म, लघु एवं मध्यम उद्यम लगभग 6.3 करोड़ इकाइयों का एक विशाल समूह है, जो भारत की जी.डी.पी. में 30 प्रतिशत और विनिर्माण में 45 प्रतिशत हिस्सेदारी रखता है। रोजगार के क्षेत्र में कृषि के पश्चात् एम.एस.एम.ई. सर्वाधिक लगभग 11 करोड़ लोगों का रोजगार प्रदान करता है। वर्तमान परिदृश्य में सूक्ष्म, लघु एवं मध्यम उद्यम की स्थिति कुछ कमजोर हुई है। तेजी से बढ़ी वैश्विक अर्थव्यवस्था के कारण उत्पन्न परिस्थितियों में इस सेक्टर की झेलने की शक्ति कम है, परंतु 'आत्मनिर्भर भारत' के माध्यम से वह समय आ गया है कि इन सूक्ष्म, लघु एवं मध्यम उद्यमों को 'वसुधैव कुटुंबकम्' के सूत्र वाक्य से हम लोकल को ग्लोबल के रूप में स्थापित कर सकेंगे।

सूक्ष्म, लघु एवं मध्यम उद्यमों की 75 देशों में 60 से अधिक परिभाषाएँ हैं। परिभाषा के मुख्य मापदंड रोजगार के आकार, पूँजी निवेश और अचल संपत्ति इत्यादि पर आधारित हैं। यूरोपीय संघ देशों में लघु एवं मध्यम उद्यमों में कर्मचारियों की संख्या 500 से कम मानी जाती है, जबकि पूर्वी एशिया में 50-100 कामगारों के उद्यम लघु एवं मध्यम श्रेणी में माने जाते हैं। हमारे देश में प्रतियोगी एवं स्वस्थ वातावरण निर्माण किए जाने हेतु संयंत्र एवं मशीनरी में निवेश की सीमा को बढ़ा दिया गया है। टर्नओवर मापदंड, जो कि बैंकों एवं वित्तीय संस्थानों द्वारा क्रेडिट योग्यता का मूल्यांकन करने के लिए एक महत्त्वपूर्ण बिंदु है, को भी सस्ते और सुलभ ऋण प्राप्त करने के लिए प्रमुख मापदंड के रूप में निर्धारित किया गया है।

कुछ स्टार्टअप, जो कि बंद हो गए हैं तथा सूक्ष्म, लघु एवं मध्यम उद्यम की बदली हुई परिभाषा के मापदंडों को पूर्ण करते हैं, उन्हें भी राजकोषीय तथा अन्य लाभों के साथ तरलता का लाभ प्राप्त हो सकता है। सूक्ष्म, लघु एवं मध्यम उद्यम की परिवर्तित परिभाषा का प्रारूप अब बदल गया है। बदले हुए प्रारूप में, सूक्ष्म उद्यम में एक करोड़ तक निवेश सीमा तथा 5 करोड़ का टर्नओवर, लघु उद्यम में 10 करोड़ की निवेश सीमा तथा 50 करोड़ का टर्नओवर, मध्यम उद्यम में 20 करोड़ की निवेश सीमा तथा 100 करोड़ का टर्नओवर रखा गया है। इस प्रकार सूक्ष्म, लघु

एवं मध्यम उद्यमों की परिभाषाओं के टर्नओवर का एक अति महत्त्वपूर्ण मापदंड शामिल करते हुए विनिर्माण एवं सेवा क्षेत्र के बीच के अंतर को समाप्त कर दिया है।

सूक्ष्म, लघु एवं मध्यम उद्यमों के कुल औपचारिक ऋण का लगभग 90 प्रतिशत हिस्सा बैंकों द्वारा तथा 10 प्रतिशत हिस्सा गैर-बैंकिग वित्तीय संस्थाओं द्वारा पोषित है। सूक्ष्म, लघु एवं मध्यम उद्यमों के औपचारिक ऋण के कुल 15 लाख करोड़ रुपए में से लगभग एक-तिहाई ऋण एक करोड़ रुपए से कम के हैं। एम.एस.एम.ई. के पिछले कई वर्षों में एन.पी.ए. भी 4 से 8 प्रतिशत ही है, जबकि दूसरी तरफ अन्य उद्यमों के एन.पी.ए. का औसत 15 से 18 प्रतिशत है। लेकिन बैंकों द्वारा विभिन्न कारणों से सूक्ष्म, लघु एवं मध्यम उद्योगों का समर्थन नहीं किया गया है। कोविड-19 के इस कठिन दौर में सूक्ष्म, लघु एवं मध्यम उद्यमों के लिए तरलता और नकदी की कमी सबसे बड़ी चिंता बनी हुई है। वर्तमान परिदृश्य में एम.एस.एम.ई. का विकास तथा स्थिरता देश के विकास और प्रगति की दिशा को तय करेगा। तद्नुसार वित्तमंत्री द्वारा 13 मई को घोषित आर्थिक पैकेज में तरलता को बढ़ाने के साथ ही अन्य महत्त्वपूर्ण कदम भी उठाया गया है।

सूक्ष्म, लघु एवं मध्यम उद्यमों सहित व्यवसायों के लिए 3 लाख करोड़ रुपए की बिना किसी गारंटी के स्वत: ऋण की व्यवस्था की गई है। इससे लगभग 45 लाख उद्यमियों को लाभ प्राप्त होगा। यह राहत 25 करोड़ रुपए तक के बकाया ऋण और 100 करोड़ के टर्नओवरवाली उन इकाइयों के लिए उपलब्ध होगी। इन इकाइयों को अपनी ओर से गारंटी या जमानत नहीं देगी होगी। इन राशियों की 100 प्रतिशत गारंटी भारत सरकार द्वारा दी जाएगी। मूल राशि के भुगतान पर 12 महीने की मोहलत दिए जाने का प्रावधान भी है। इस योजना का लाभ 31 अक्तूबर, 2020 तक लिया जा सकता है।

सरकार द्वारा उन दो लाख सूक्ष्म, लघु एवं मध्यम उद्यमों के लिए 20 हजार करोड़ के सब्सिडी ऋण का प्रावधान किया गया है, जो एन.पी.ए. से जूझ रहे हैं या कर्ज बोझ से दबे हुए हैं।

सरकार सूक्ष्म एवं लघु उद्यमों के लिए क्रेडिट गारंटी ट्रस्ट (सी.जी.टी.एम.एस.ई.) को 4 हजार करोड़ रुपए देकर आवश्यक सहयोग देगी। बैंकों से अपेक्षा की जाती है कि वे ऐसी इकाइयों को सब्सिडी ऋण प्रदान करें, जो एम.एस.एम.ई. की प्रोन्नति में योगदान दे रहे हों तथा संबंधित इकाई में उनकी हिस्सेदारी 15 प्रतिशत के बराबर हो। यह ऋण अधिकतम 75 लाख रुपए का होगा। सब्सिडी ऋण की इस व्यवस्था का लाभ पूर्व के स्वस्थ सूक्ष्म, लघु एवं मध्यम उद्योगों को भी प्रदान किया जाना चाहिए। इससे आनेवाले समय में कोविड-19 के कारण कर्ज के बोझ से दबे उद्योग मुक्त हो सकेंगे। एम.एस.एम.ई. के पुनर्जीवन तथा पुनर्स्थापना किए जाने में बैंक अब अधिक प्रभावी भूमिका निभा सकेंगे, क्योंकि सरकार द्वारा उन्हें अधिक तरलता प्रदान करते हुए पुनर्वित्तीय लाभ प्रदान किए जाने की व्यवस्था की गई है। भारतीय रिजर्व बैंक द्वारा इस संबंध में 2015 में ही दिशानिर्देश जारी किए जा चुके है।

सूक्ष्म, लघु एवं मध्यम उद्योगों को इक्विटी की भारी कमी का सामना करना पड़ता है, इसलिए सरकार 10 हजार करोड़ के कोष के साथ एक फंड ऑफ फंड्स की स्थापना करेगी, जो सूक्ष्म, लघु एवं मध्यम उद्यमों को इक्विटी फंडिग सहायता करेंगे। फंड ऑफ फंड्स का संचालन एक समग्र फंड और कुछ सहायक फंडों के माध्यम से होगा। सरकार के उपायों से फंड ऑफ फंड्स में लगभग 50 हजार करोड़ रुपए की इक्विटी जुटाई जा सकेगी। इससे एम.एस.एम.ई. को आकार और क्षमता के विस्तार में मदद मिलेगी तथा उन्हें स्टॉक एक्सचेंज के मुख्य बोर्ड में सूचीबद्ध होने का अवसर भी प्राप्त होगा।

200 करोड़ से कम मूल्य की वस्तुओं और सेवाओं की खरीद में वैश्विक निविदा को अनुमान्य नहीं किया गया है। इससे एम.एस.एम.ई. को सरकारी खरीद में अधिक प्रतियोगी होने तथा आपूर्ति किए जाने का अवसर प्राप्त होगा।

सूक्ष्म, लघु एवं मध्यम उद्यमों के लिए इ-मार्केट लिकेंज को बढ़ावा दिया

जाएगा, जो पूर्व में संचालित व्यापार मेलों और प्रदर्शनियों का स्थान लेगा। सरकार एवं सार्वजनिक क्षेत्र के उपक्रमों द्वारा एम.एस.एम.ई. को 45 दिनों में भुगतान किया जाएगा। यह अत्यंत महत्त्वपूर्ण है, क्योंकि पूर्व में अधिकांश एम.एस.एम.ई. को 90 दिनों में भी अपना भुगतान प्राप्त करने में कई कठिनाइयों का सामना करना पड़ता था। एक महत्त्वपूर्ण सुझाव यह भी है कि जो एम.एस.एम.ई. बैंक की ऋण सुविधाओं का उपयोग नहीं कर रहे थे तथा जिनकी स्थिति वर्तमान में ठीक नहीं है, उन्हें मुद्रा योजना के समान लाभ दिए जाने पर विचार किया जा सकता है।

आज पूरा विश्व संकट का सामना कर रहा है। हमने अतीत में इस प्रकार की तो नहीं, लेकिन दूसरी प्रकार की प्रतिकूलताओं तथा विषम परिस्थितियों का डटकर सामना किया है। आत्मविश्वास, समर्पण, लगन तथा निर्धारित किए गए लक्ष्यों की प्राप्ति के साथ विजय प्राप्त की है। इस संकट से एम.एस.एम.ई. को खेवनहार बनाते हुए आगे निकलेंगे, जैसा कि रामधारी सिंह 'दिनकर' जी ने लिखा है—

सेनानी! करो प्रयाण अभय
भावी इतिहास तुम्हारा है,
ये नखत अमा के बुझते हैं
सारा आकाश तुम्हारा है।

हम भारतीयों को अपनी जन्मजात गतिशीलता और क्षमता पर विश्वास रखते हुए, सभी नवाचारों तथा सभी नए विकल्पों पर विचार करते हुए विकास के पहिए को लगातार आगे बढ़ाते जाना है, ताकि पुनर्जीवित वृद्धि और नवाचार के साथ हम आज की चुनौतियों का सामना कर सकें तथा कल की उम्मीदों को पूरा करने में सफल हो सकें।

सरकार के इन प्रयासों से देश का आर्थिक आधार बढ़ेगा तथा एम.एस.एम.ई., कुटीर उद्योगों तथा नवीन उत्पादों एवं नवाचारों के माध्यम से आनेवाला समय सतत विकास की परंपरा को बनाए रखेगा। सरकार की वर्तमान नीति इसलिए भी महत्त्वपूर्ण है कि यह राजकोषीय घाटे को बढ़ाए

बिना क्षेत्रीय और राष्ट्रीय दोनों स्तरों पर सतत विकास एवं वृद्धि को प्राप्त करने में मदद करेगी।

इस दौर में सबसे पहले हमें अपने विश्वास को डिगने नहीं देना है और मन के डर को भी हमें भगाना है। यह नीति/आर्थिक पैकेज हमारे अंदर के डर की भावना को निश्चित रूप से दूर भगाएगा। हम कामयाब होंगे। यह बुरा वक्त गुजर जाएगा।

□

आदिवासियों की उपेक्षा और नक्सलवाद

नक्सलवाद इस समय की सबसे बड़ी समस्या है। देश की आंतरिक सुरक्षा के लिए सबसे बड़ा खतरा नक्सलवादियों से ही माना जा रहा है। एक मोटे अनुमान के अनुसार, नक्सलवाद से देश में बहुत से स्तरों पर जान-माल की ही हानि नहीं हो रही, बल्कि देश के युवाओं को बरगलाकर उनके भविष्य पर भी प्रश्नचिह्न लग रहा है। नक्सलवाद के कारण मोर्चे पर नहीं, बल्कि देश के अंदर ही भारतीय सेना को निरंतर नुकसान हुआ है।

ऐसा माना जा रहा है कि देश में नक्सलवादियों (माओवादियों) की गतिविधियाँ कथित रूप से आदिवासियों के शोषण के विरुद्ध चलाई जा रही हैं। एक मोटे अनुमान के अनसार नक्सलियों ने लगभग 40,000 वर्ग किलोमीटर क्षेत्र व लगभग 2000 पुलिस थानों को अपने कब्जे में कर रखा है। नक्सलवाद को प्रत्यक्ष या परोक्ष रूप से आदिवासियों का शोषण व देश की मुख्यधारा से अलग होना माना जाता है।

इतिहास साक्षी है कि आदिवासी हमारे समाज के अभिन्न अंग रहे हैं। भगवान् राम को लंका विजय में कोल व भील आदिवासियों से बहुत सहायता मिली थी। इसी प्रकार सिकंदर को पोरस से युद्ध के पूर्व पश्चिमोत्तर में आदिवासी समूहों से कड़ी टक्कर लेनी पड़ी थी। संभवत: इसी कारण सिकंदर पोरस से युद्ध के पश्चात् अपने देश वापस चला गया। स्वतंत्रता के प्रथम युद्ध 1857 में आदिवासियों ने अंग्रेजों के विरुद्ध महारानी लक्ष्मीबाई का साथ दिया था। कालांतर में ये आदिवासी समाज की मुख्यधारा से क्यों दूर होते चले गए, यह पूरे भारतीय समाज के लिए चिंता का विषय है।

वर्ष 2001 की जनगणना के अनुसार देश में 8.2 प्रतिशत आदिवासी है,

जिनमें लगभग 698 जातियाँ हैं। ये 106 भाषाएँ बोलते हैं और लगभग 19 राज्यों और 6 केंद्रशासित प्रदेशों में रहते हैं। ब्रिटिश साम्राज्यवाद काल से इनका शोषण प्रारंभ हुआ और स्वतंत्र भारत में भी 90 के दशक के परोक्ष रूप से जारी रहा, जिसका परिणाम देश नक्सलवाद (माओवाद) के रूप में भुगत रहा है। 1950 में आदिवासियों को अनुसूचित जनजाति के उप-संविधान की सूची में इन्हें संविधान संरक्षण, सुरक्षा प्रदान करने के ध्येय से डाला गया, जिससे इनका आर्थिक विकास हो सके, परंतु सरकार की इच्छाशक्ति के अभाव के कारण परिणाम शून्य रहा।

एनडीए के शासनकाल में सन् 1999 में आदिवासी क्षेत्रों के विकास के लिए राष्ट्रीय नीति का निर्माण हुआ। आदिवासियों के कल्याण के लिए जनजातीय द्वारा पैदा किए गए प्रोडक्ट्स जैसे—शहद, रस्सी, जूट, पत्तियाँ, बाँस से बने सामान आदि की खरीद के लिए वर्ष 2003 में Tribal Cooperative Marketing Development Federation (TCMDF) का गठन किया गया। 2002 में एनडीए शासन में संविधान के 89वें संशोधन द्वारा राष्ट्रीय अनुसूचित जनजाति आयोग का गठन हुआ। जिससे आदिवासियों के लिए शिक्षा, स्वास्थ्य, रोजगार मुहैया कराया जा सके और उन्हें राष्ट्र की मुख्यधारा में शामिल किया जा सके। परंतु 2005 में Scheduled Tribes (Recognition of Forest Right) Bill.2005 जैसे विवादास्पद बिलों को लाकर सरकार ने आग में घी का काम किया। इस बिला के अंतर्गत आदिवासियों पर फॉरेस्ट यूज पर कई प्रतिबंध लगा दिए गए। जबकि अधिकारियों व जंगल के भूमाफियाओं की मिलीभगत से जंगलों की कटाई होती रही, प्राकृतिक सपंदाओं का दोहन होता रहा। ब्रिटिश सामाज्यवाद में आदिवासियों के शोषण की नींव 1871 में Criminal Tribe Act 187 के द्वारा रखी गई। इस ऐक्ट के द्वारा 200 आदिवासी कम्युनिटीज को इनहेरिटेज क्रिमिनल्स घोषित किया गया। प्रारंभ में यह ऐक्ट मात्र उत्तर भारत में लागू किया गया। आश्चर्य है कि इस अमानवीय एक्ट का यथोचित विरोध नहीं किया गया। स्वतंत्रता-प्राप्ति के 5 वर्ष बाद 1952 में इस काले कानून को समाप्त किया गया। आदिवासियों द्वारा अंग्रेजी हुकूमत के विरुद्ध अनेक आंदोलन चलाए गए। इनमें कुछ

आर्थिक शोषण के खिलाफ व कुछ जंगलों के उपयोग के प्रतिबंध के खिलाफ थे। परंतु आजादी के पश्चात् आदिवासी आंदोलनों को मुख्यतया तीन भागों में बाँटा जा सकता है—

- बाहरी लोगों द्वारा संथाल व मुंडा जातियों पर तथा स्थानीय आदिवासियों के शोषण के विरुद्ध आंदोलन।
- मध्य प्रदेश के गोंड और आंध्र प्रदेश के महार समूह द्वारा आर्थिक प्रगति के अवसरों से वंचित किए जाने के विरोध में आंदोलन के गोंड और आंध्र प्रदेश के गहार वर्ग द्वारा किया गया आंदोलन।
- नागा और भिजों की अलग प्रवृत्ति के कारण आंदोलन।

इस प्रकार आज का आदिवासी आंदोलन, जिसको माओवादियों ने अपने निहित स्वार्थ के कारण अलग रूप दे दिया है, ऐसा बाहरी व्यक्तियों द्वारा आर्थिक शोषण व आर्थिक विकास का मौका न मिलने के कारण ही हुआ है। सोशल सेक्टर में भी प्राइवेट कंपनियों द्वारा प्राकृतिक संसाधनों के अधिग्रहण के कारण आदिवासियों में गरीबी, भुखमरी, बेरोजगारी की समस्याएँ बढ़ीं और बाहरी लोगों द्वारा उनका जमकर शोषण हुआ।

आदिवासियों का शोषण विगत 150 वर्षों से हो रहा है। उन्हें राष्ट्र की मुख्यधारा से अलग-थलग कर दिया गया है। अभी भी सरकार में इस समस्या को हल करने में अंतर्विरोध है। गृहमंत्री माओवादियों से बात नहीं करना चाहते, एक अन्य कैबिनेट मंत्री ने माओवादियों की समर्थित रैली को संबोधित किया। उड़ीसा में चुनाव के मद्देनजर कांग्रेस महासचिव ने आदिवासियों के सबसे बड़े शुभचिंतक के रूप में जाकर अपने आप को उनका सिपाही घोषित कर दिया। भारत सरकार क्या इस बात से अनभिज्ञ है कि आदिवासियों के लिए राष्ट्रीय नीति की घोषणा व उनके लिए जनजातीय मंत्रालय बनाने के लिए 1999 तक यानी 52 वर्षों का समय लग गया? आदिवासी क्षेत्रों में प्राकृतिक संपदाओं का दोहन जंगलों की अंधाधुंध कटाई हुई। माओवादी संगठन अपने निजी स्वार्थ के लिए सीधे-सादे जनजातीय लोगों का इस्तेमाल कर रहे हैं। वे आदिवासियों की समस्या का कोई हल नहीं चाहते। निर्दोष पुलिसकर्मियों की हत्या व उनको अगवा किए जाने की घटनाएँ अनैतिक व निंदनीय हैं। यदि सरकार चाहती है कि आदिवासियों

का सरकार में विश्वास पैदा हो तो निम्न कदम उठाए जाने चाहिए—

- वर्ष 2003 में Tribal Cooperative Marketing Development Federation का गठन आदिवासियों द्वारा पैदा की गई शहद, रस्सी, जूट, पते आदि की मार्केटिंग के लिए बनया गया। इसका सभी आदिवासी क्षेत्रों में विस्तार किया जाना चाहिए।
- आदिवासियों की पुनर्स्थापना, शिक्षा, स्वास्थ्य, गरीबी उन्मूलन व उनकी भाषा के संरक्षण के लिए विशेष परियोजनाएँ प्रारंभ की जाएँ और वे परियोजनाएँ समयबद्ध तरीके से काम करें। आदिवासियों के दिलों में लगभग 150 वर्षों से चल रहे घाव पर मरहम लगाकर ही उन्हें राष्ट्र की मुख्यधारा में शामिल किया जा सकता है।
- आदिवासी क्षेत्रों में स्कूलों की बिल्डिंग हैं, पर शिक्षक नहीं। कुछ स्कूलों की बिल्डिंग्स में बच्चे बाहर पढ़ते हैं और पुलिस स्कूल बिल्डिंग का उपयोग करती है। सरकार को आदिवासी क्षेत्रों में सुचारु रूप से शिक्षा की व्यवस्था करनी होगी। मात्र शिक्षा व आर्थिक विकास ही हमें समस्या से मुक्ति दिला सकते हैं।

□□□